昼は散歩、夜は読書。

三浦 展

而立書房

ブックデザイン　中　新
カバー写真　圓井義典
本文写真　三浦　展

私は今、朝七時から働き、十一時に来客対応をし、昼食をとって午後から取材に出かける。取材というのはどこかの街へ行って歩き回るのが基本である。その街の郷土資料館の企画展を見に行くことも多い。昔の世相を知るために映画館で古い日本の映画を見ることもしばしば。それで夕方になったらその街の銭湯に入り、居酒屋で一杯やれたら理想の一日である。もちろんそこまで理想的な日は月に一、二度だが。

歩くことは脳を活性化するので新しいアイディアというものも大概は歩いているときに生まれる。酒を飲んでいても浮かぶので、飲んだあとに仕事場に戻り、思いついたことを調べたり、書いたりする。

下の子どもが中学生になってからは土日も働いている。その代わり疲れたらいつでも休む。昼寝もする。やる気が出ない日も休む。ただし、子どもが小さいときは土日も平日でさえも休んで子どもの相手をしたが。

近年、レジャー産業振興のために土日月曜日に三連休が増えたが、四日働いても三連休したら、それまでの仕事を忘れてしまう。子どもは習ったことを忘れてしまうだろう。日本人をただの消費者にして、頭を空っぽにするための制度がこの三連休だと思う。仕事も勉強もスポーツも毎日少しずつ継続したほうが成果が出るはずだ。

さて、家に帰ると布団に入って眠くなるまで本を読む。ジャンルは都市、建築、社会から宗教まで多様。たまに理科系の本も読む。消費に関する本やビジネス書は読まない。

都市の本を読んでいて階層の問題を考えるヒントを得ることもあるし、網野善彦の中世論を読んでいて新しい公共性について着想を得ることもある。それが面白い。

＊

本書は、こうして私が読んできた本についてのエッセーを中心に、主にこの十年ほどの間に書いたものを集めて加筆修正したものである。特に「個人史」は一橋大学での講演などをベースにしているが三倍以上に加筆した。

散歩の本は既に何冊か書いているが、読書についての単行本はこれが最初である。取り上げた本は古典もあれば当時の新刊もあり、雑然としている。いわゆる読書ガイドではないし古典ガイドでもないし網羅性もない。

また時代的にも三十年近く前の文章もいくつか入っており、他方本書のために新たに書き下ろしたものも少し入っている。古い文章も入れたのは私の問題意識が昔から変わっていないことを「文献学的」に立証するのも面白いかと考えたからである。

全体としては、本の紹介というよりは、本にまつわる私の体験記であり、生活誌であると思っていただきたい。もちろん紹介したい本はまだたくさんあるが、紙幅の都合であきらめた。


それぞれの文章は大きく社会に関わるものと都市に関わるものに二分されたので、本書の構成もそれに従った。

社会であれ都市であれ共通している視座は、大きなものを拒み、小さなものを好む、という判官《ほうがん》びいきであろう。国家、大企業、大きなビルは人間ひとりひとりの存在を超えてむしろ人間を抑圧、束縛するものであり、市民、庶民、小さな店や小さな建物にこそひとりひとりの人間の「生」の存在が十全な形で生き生きと表現される、というのが私の基本的な視座である。これは私の中に生来的にあったもののような気がするが、それがちょうどパルコや「アクロス」やセゾンの思想によって強化されたようである。

大きなものを小さく、小さなものを大きく見せろと「アクロス」では言われた。企業ではなく消費者、生活者を見ろと言われ、鳥の目と共に虫の眼を持つことを何度も教えられた。その教えをすぐに体得したのはやはり私の生得的な資質のためであると思う。

最後の個人史については、私などが偉そうに書くのは気が引けたが、今年は還暦だから許して頂こう。内容もしばしば横道にそれ、まとまりがないが、大通りより路地や横丁が好きな人間らしい文章だと思っていただきたい。

考えてみると私は、グラフ graph に関わる仕事が好きだ。棒グラフや折れ線グラフもそうだし、写真（フォトグラフ）もそうだ。地理（ジオグラフィー）も好きで地図が好き。記録、記述、叙述ということが好きなのだろう。だから自伝、個人史（オートバイオグラフィー）も、好きではないけど、私らしい仕事かもしれない。

個人史を書いていて、それが読書史と大きく関わっていることに気づいた。この本を読んだからこの人と出会った、この仕事に就いた、この記事を書いた、そういう運命のような結びつきが改めて感じられたのである。本書を編んでいて、これは予想外の幸福な体験であった。

昼は散歩、夜は読書。

目次

第一部　読書史

1　社会を考える

2 都市を考える

第二部　コラム集

1　社会

2　都市・地方

3　本と仕事の個人史　271

第一部　読書史

1 社会を考える

郊外

藤原 新也
『東京漂流』

情報センター出版局　1983年（朝日文庫　2008年）

三浦流社会マーケティングの原点

『東京漂流』が出てすぐ、私の上司は私に「三浦っ！　これがマーケティングだっ！」と唸るように言った。彼は自分がやろうとしてできないことを藤原さんが見事にやってしまったと悔しがっているように見えた。

私は早速『東京漂流』を読んだ。会社から深夜に帰り、読み始めると興奮して寝られなかった。私もまた自分が学生時代に漠然と思い描いていた現代社会論を藤原さんにやられてしまったと思ったのだ、と今思う。

何をやられてしまったか、それは現代人の欲望が向かう先への批判である。欲望がいけないというのではない。欲望が、自然で、人間を解放するものから、人工的で、人間を管理するものになろうとしていることを、そして人間がますます私生活に閉じこもり、ますます現実を避けて虚構の世界に生きるようになることを『東京漂流』とその次の作品である『乳の海』（情報センター出版局／朝日文芸文庫）は暴いたのだ。いや、暴いたと言うより、正確には一九六〇年代の若者の異議申し立ての中で叫ばれていたのに、七〇年代以降、学生運動の沈静化の過程で問われなくなったその問題を蒸し返したのだとも言える。

見田宗介は、一九四五年からの十五年間を「理想の時代」、六〇年からの十五年間を「夢の時代」、七五年からの十五年間を「虚構の時代」と呼んでいる（『社会学入門』岩波新書）。『東京漂流』はまさにその虚構の時代を批判したのである。

ところで私の上司とは、パルコのマーケティング雑誌「アクロス」の当時の編集長である。マーケティング雑誌の編集長が『東京漂流』を読んで「マーケティングだ！」と叫ぶとは、おかしな雑誌、おかしな会社だと思われるだろう。だが、私たちの雑誌は、市場を分析するだけでなく、市場を取り巻く社会、そして市場が変質させる社会を分析することを仕事としていた。その意味で『東京漂流』は正しくマーケティングの本であり、社会学の本だった。だから、私にとって長い間『東京漂流』はいつか自分が書くべき本として、そして乗り越えるべき本として強く意識される本になったのである。

その後、藤原新也は虚構の時代の原点を訪ねてアメリカに渡る。その経験は著書『アメリカ』（情報センター出版局／集英社文庫）にまとめられている。実はここには裏話がある。私は八六年に『「東京」の侵略』（PARCO出版局）という本を編集していたのだが、その本の巻末に藤原さんとパルコの社長の増田通二の対談を載せようとしていた。それで私の後輩が藤原さんに許諾のお願いの電話をしたところ、藤原さんは興奮して、アクロスと共同でアメリカの研究をしたいと話されたらしいのだ。結局、共同研究は成立しなかったが、藤原さんは単身アメリカに渡ったのである。

だが私は私でアメリカ研究を進めていた。『「東京」の侵略』が売れたので、増田さんはますます郊外を研究したいと思ったらしく、普通の経営者ならここで郊外の市場を徹底的に分析してビジネスに役立てようとするのだが、文化人経営者である増田さんは、「おい、三浦、次は郊外の文化論をやれ」と私に命じたのだ。

「郊外の文化論？　なにそれ？」と私はポカンとせざるを得なかった。だってそんなもの、参考文献も何もないのだ。今でこそ郊外研究はいくつかあるが、当時は皆無である。

だが、人がやっていないことをやるのは私の望むところである。それに郊外の文化論を研究すれば、『東京漂流』を超えることができるかもしれない。そうやって私はまず一九五〇年代

アメリカの普通の郊外

ニュータウン（白岡）

のアメリカの郊外の研究を開始したのである。

結果、その研究は私のライフワークとなり、パルコ時代に「ジャパニーズＷＡＳＰ論」をまとめ、会社を移ってからも『「家族と郊外」の社会学』（ＰＨＰ研究所）、脱サラ後には『「家族」と「幸福」の戦後史』（講談社現代新書）、さらに『ファスト風土化する日本』（洋泉社）を出すことになった。短気な私がこれだけ長く一つのテーマを追っているということは、よほどこのテーマが私の問題意識にフィットしていたのだろう。

自分の研究テーマ、研究でなくても仕事をする上でのテーマや目標というものは、自分の力で、自分だけで見つけ出さなくてはいけないと思っている人が多いと思う。たしかに、自分で見つけ出せればそれに越したことはない。

だが、自分よりも経験が豊富な上司や先輩が自分に勧めてくれるテーマは、たとえそれが最初は突飛に思えたり、不本意に思えたりしても、実は自分でも気がつかないほど自分に向いていたり、やりがいのあるものだったりするかもしれないのである。そういうチャンスを逃さないようにしたいものである。

社会意識

見田 宗介 編
『社会学講座12 社会意識論』
東京大学出版会 1976年

人間の意識は社会にいかに規定されるか

この本は大学三年生の頃にむさぼり読んだ本である。私は大学で社会心理学を学びたいと思っていたが、この本は「社会意識論」である。社会心理学とどう違うのか。

おそらく「社会意識論」という名称に込められた意味は、マルクスの有名なテーゼ「存在は意識を規定する」を踏まえ、人間の意識のみならず無意識までもが、価値観のみならず感覚までもが、純粋に個人的なものではなく、政治体制、経済体制などを含む社会によって根底から規定されているという視点を持って個々人の心理を分析するということであろう。

ものすごく卑近な例を出そう。私はバナナが好きである。その理由は単に個人的にバナナの味を好んでいるからだろうか？ そうかもしれない。しかしそうではないかもしれない。

私の世代が子ども時代にはバナナは高級品だった。風邪を引いて寝込まないと食べさせてもらえないものだった。だから私は今バナナが好きなのかもしれないのである。個人的な味覚でバナナを好んでいるのではなく、私の家庭も国民の大半もまだ貧しかった子ども時代に高価なバナナを食べてみたいと思ったという記憶が、大人になってもバナナを好きであり続ける理由かもしれないのだ。子ども時代には高級だったものを大人になってから手に入れたいと思うのは消費行動としては一つの典型である。つまりバナナがおいしいと感じる感覚もまた社会的なものでありうるのである。

バナナだと卑近すぎるだろうが、先述したように、団塊世代がクルマ好きなのも、若いときに外国のかっこいい高級スポーツカーにあこがれたが高くて買えなかったという理由がかなり大きいはずである。消費者心理の分析にとって社会意識論は不可欠な視点である。

しかし、こんな卑近な例ばかりでは見田先生に失礼だと思って、三十数年ぶりに本書を開いてみた。構成は「私的所有」「労働者」「管理社会」などに関する論文から成っており、今なお(今こそ)問われるべきテーマが扱われている。

だが、学生時代の私がそこに書かれていることを理解していたとはとうてい思えない。例によって、理解せず、ただ理解しようとしていただけなのだろう。だがそのプロセスが頭を鍛える。考える力を育てると思いたい。

なお、本書はすでに絶版なので、今でも手軽に手に入るもので、見田先生の社会意識論の具体的著作というと『まなざしの地獄』（河出書房新社）であろう。『現代社会の社会意識』（弘文堂）に収められていた論文だが、非常に有名な論文なので先頃単独で単行本化された。これは、1969年に起きたピストルによる連続射殺事件の犯人であった十九歳の少年・永山則夫（すでに死刑執行済み）の意識を分析したものであり、永山を当時大量に存在した地方から都市へと出郷した中卒の労働者のひとりとしてとらえ、その心理の内面にまで迫った力作である。当時社会学を学んでいた学生にとってはバイブルのような作品。今日問題になっている格差論の古典としても読めるだろう。見田の言う「切れば血の出る社会学」の代表作だ。

消費

山崎 正和
『柔らかい個人主義の誕生』

中央公論社 1984年（中公文庫 1987年）

成熟した知識人による成熟した未来像

山崎正和は、加藤周一亡き後、現代日本の最高の知識人と言えるだろう。和漢洋に通じた該博な知識、深い洞察、成熟した人柄。どこからどうみても、本当の知識人である。林達夫、加藤周一に続いて平凡社世界大百科事典の編集長を務める人は、山崎正和しか私には思い浮かばない。松岡正剛ではちょっとクセがありすぎる。

山崎正和と私の出会いは高校三年の現国の教科書だ。山崎の『鷗外 闘ふ家長』の一部が掲載されていた。現国の教師は私の担任でもあったが、山崎のファンだったのか、教科書には掲載されていない箇所もコピーして授業に使った。さらに山崎の別の著書『劇的なる日本人』も授業に使ったのである。その授業を聞いて私は山崎のファンになった。受験直前のことであった。

そして受験。二月下旬に上京すると、私は早速新宿の紀伊國屋書店に行き、その二冊と『藝術現代論』を購入したのである。受験の準備はもう十分していたし、直前に余計な勉強をするとかえって不安になると思い、私はその三冊を読んで過ごした。特に『藝術現代論』の中で「手仕事」の意味について書かれた文章が気に入っていた。

そして二月末、私はまず私立を受け、三月初頭に一橋大学の一次試験（英語と数学だけ）を受け、それから二次試験を受けた。現国の試験は、ある文章を読んで論文を書くだけだった。その文章が柳宗悦《やなぎむねよし》の「手仕事の日本」だった！　私は心の中で「あっ！」と叫んだ、と思う。これぞ神の思し召しと、小躍りしたかもしれない。自分では満点の内容の論文が書けたと思った。その後、「週刊朝日」で丸谷才一が、こういう問題を出題する大学は尊敬に値すると書いているのを読んだ。うれしかった。こんなわけで、山崎正和なくして私の大学受験は成功しなかっただろうと思うほどなのである。

前置きが長くなった。山崎は本来劇作家なので、芸術や文学について論ずるのは当然だが、『劇的なる日本人』や『藝術現代論』を読み返してみると、意外なほど広告、消費、工業デザインなどについても多くのページを割いている。しかし、劇作家にとって最大の関心事は人間とその人生、その生き方に違いない。とすれば、現代人を語り、描く上では、広告や消費や工業デザインを語ることもまた当然ということであろう。

そういう山崎が消費社会を徹底して論じたのが『柔らかい個人主義の誕生』である。副題に「消費社会の美学」と書かれていることからもそれは明らかだ。

翻って考えてみれば、一九八四年に出されたこの本以前に、本格的な消費社会論というものは日本には存在しなかったと言える。それ以前には、左翼陣営からの一面的な消費社会批判か、消費を喚起する側の広告業界による消費論しかなかったからである。八〇年代半ばですら、渋谷公園通りは資本主義による管理社会だなどという左翼系評論家がいたくらいで、まったく時代の感覚と遊離していた。

そうした中で、優れた哲学者でもあり社会学者でもある山崎は、デカルト以来の近代的自我を「生産する自我」として批判的にとらえ、ウェーバー、デュルケーム、ボードリヤールらを引用しつつ、とりわけリースマンとベルの説を踏まえ、かつ非常に具体的な広告やヒット商品の事例や統計データを傍証として駆使しながら、消費社会の限界と可能性を論じ、しかも、その後「高度消費社会」と呼ばれる八〇年代の爛熟の果てに人間が向かう先を見極めた。

それは「消費する自我」という「柔らかい個人」である。柔らかい個人が好むのは「社交」

である。京都人たる山崎らしい結論だ。他者の欲望の充足が自己の欲望の充足でもある「社交」という名の消費に、消費社会の理想的成熟を希望するのだ。

消費社会の限界とはこういうことだ。「人間にとっての最大の不幸は」「物質的欲望さへ満足されないことであるが、そのつぎの不幸は、欲望が無限であることではなくて、それがあまりにも簡単に満足されてしまふことである」「欲望が満たされるにつれて快楽そのものが逓減し、つひには苦痛にまで変質してしまふ」「一方で、選択すべき対象の数が増えるとともに、他方では、選択しながら生きるべき自由な時間が延びて、現代人の人生はまさに迷いの機会の連続になった」。なんだ、私が『「自由な時代」の「不安な自分」』(晶文社)で書いたことをもう言っているじゃないか。

「『何か面白いことはないか』と自問する人間は、すでに半ばは、自分がその『何か』を知らないことを告白しているのであり、自分が自分にとって不可解な存在であることに気づき始めている」。なんだ、糸井重里が八八年に西武百貨店のために書いた「ほしいものが、ほしいわ」というコピーの意味をすでに語っているじゃないか。

しかし当時の私はこの「社交」という結論を読んだとき、あっけなくて不満だった。ミックスフライ定食が好きな二十代の若造には、薄味でふわふわした京料理の味は理解できなかったのだ。

だが今読み返してみると、まさに正鵠を射た予言である。山崎が予言したような現象は、近年各所で見られる。そのことも一つの契機となって、私は『第四の消費』（朝日新書）を書いた。

人間観

浜崎 洋介
『福田恆存 思想の〈かたち〉』
新曜社 2011年

将来幸福になるかわからないが、自分はこういう流儀で生きていく

意外に聞こえるかもしれないが、私は福田恆存《つねあり》のファンである。信奉者という言い方は適切でないかもしれないが、相当影響を受けている。

しかしそもそもは、福田と私の「思想」は――私ごときにも「思想」があるとして――相反するものだった。やや左翼系の家庭に育ち、朝日新聞で「進歩的文化人」的な言説を読んで育ち、平和主義、護憲主義だった私にとって福田は論駁《ろんばく》すべき対象だった。私の学生時代、福田は日曜朝のフジテレビで「世相を斬る」（一九七七〜七八年）という対談番組を持っていて、それを毎週見ていた私は、なんて意地の悪い男だろうと思いながら、しかしなぜか毎週番組を見ていたのである。

この男を言い負かしてやろうと、私は中公文庫の『人間・この劇的なるもの』や新潮社の『福田恆存著作集』を買いあさり、読み始めた。なぜ平和が悪い？　なぜ平和憲法が悪い？　福田の論理の隙を探し、そこを突いて攻撃しようと思った。

しかし福田の文章には、剣豪の構えのように、つけいる隙がなかった。それどころか、その構え自体が、背筋が伸びて、凛《りん》として美しかった。また、『人間・この劇的なるもの』の表紙カバーに付けられた福田の顔写真を見て、この男は信用できると直観した。小林秀雄が「良心を持った鳥」と呼んだ福田らしい、嘘のない顔だった。私は次第に福田に惹かれていった。ミイラ取りがミイラになったのだ。「個性などというものを信じてはいけない。もしそんなものがあるとすれば、それが自分が演じたい役割ということにすぎぬ。他はいっさい生理的なものだ。右手が長いとか、腰の関節が発達しているとか、鼻がきくとか、そういうことである。」とか、青年は「たんに『青年の個性』という役割を演じているのではないか。」とか「私たちが真に求めているのは自由ではない。私たちが欲するのは、事が起るべくして起っているということだ。そして、そのなかに登場して一定の役割をつとめ、なさねばならぬことをしているという実感だ。」といった言葉にしびれた。

『福田恆存 思想の〈かたち〉』は、東京工業大学の博士論文をほぼそのままの形で出版したものである。著者の浜崎洋介は一九七七年生まれ。私が「世相を斬る」を見ていた頃の生まれだから、福田の現役の姿は見たことがないだろう。そういえば、「第三文明」で「現代の古典特集」をしたとき、選者の一人であった私は『人間・この劇的なるもの』を十冊のうちの一冊として選んだのだが、もう一人、同書を選んだのが若き政治学者、中島岳志だった。中島は七五年生まれ。浜崎と同世代である。こうした若い世代が福田を研究したり、惹かれたりすること自体が私には興味深い現象である。一九八〇年代後半以降、福田の言説が再評価されるようになってきたが、浜崎自身が言うように、「その背景には、冷戦の雪解けムードのなか」「イデオロギー規定的な言説（マルクス主義、進歩主義、近代主義）が次第に後退するといった時代の後押しがあったことも確かであ」り、かつては「ペストのごとく」嫌われた福田を若い世代は偏見なく読むことができるようになったのであろう。

偏見なく読めば、孫ほどの世代をも惹きつける、その福田の魅力とは何か。それはおそらく、国家、社会、時代、あるいは「空気」というものに対して個人はいかに立ち向かうべきかということを、福田が身をもって教えてくれるからであろう。逆説的に言えば、今という時代は個人が空中に放り出されたような時代である。地域社会、歴史、伝統、会社、家族から切り離され、あるいは経済成長や近代化という国民共通の目標をなくし、グローバリゼーションが猛威をふるうことで日本という国の固有性すら危ぶまれているような時代の中で、木の葉のように舞っているのが現代人だ。それでもなお、人間が、空気に流されず、時代におもねることなく、個人を確立できるか、そういう問題意識を少なからぬ人々が共有しているのが現代なのであり、そのとき福田の「生き方」「歩き方」が大きな指針となるのである。

なお、本書の膨大な「注」は、それだけを読んでも面白いものである。「附合ふといふ事」などの「比較的短く肩の力が抜けたエッセイ」や「福田の『人間味』ある人物論の方にこそ『福田の心がもっとも感じられる』」という一文を「注」に見つけ、我が意を得た。福田を読み込み、すばらしい研究を成し遂げた浜崎に拍手を送りたい。

福田のような「保守」の思想は、西尾幹二、西部邁、佐伯啓思、あるいは小林よしのりらに、もちろん形を変えつつだが、受け継がれている。中でも佐伯の『反・幸福論』（新潮新書）は一読に値するだろう。「日本の伝統的精神のなかには、人の幸福などはかないものだ、という考えがありました。むしろ幸福であることを否定するようなところがありました。少なくとも、現世的で世俗的で利己的な幸福を捨てるところに真の幸せがある、というような思考がありました。」と書くあたりは福田的と言えようか。

福田の文章を浜崎は引用している。「将来、幸福になるかどうかわからない、また『よりよき生活』が訪れるかどうかわからない、が、自分はこうしたいし、こういふ流儀で生きてきたのだから、この道を採るといふ生き方があるはずです。いはば自分の生活や行動に筋道をたてようとし、そのために過ちを犯しても、『不幸』になつても、それはやむをえぬといふことです。さういふ生きかたは、私たちの親の世代までには、どんな平凡人のうちにも、わずかながら残つてをりました。この自分の流儀と自分の欲望とが、人々に自信を与えてゐたのです。」

一見古めかしい幸福論だが、こうした「反・幸福感」は、実はこれから「衰退」する日本を生きていかねばならない浜崎、中島らの世代には自然に身についているように私には思える。

ただし、私も悪魔のように年をとったので、若いときはまったく動けなかった福田の関節技を、今は、肩の力を抜いてするりと抜け出してみたい気持ちに駆られている。いつか「反・福田論」を書ければ本望だ。

学問

『阿部謹也自伝』

阿部 謹也

新潮社 2005年

それがなければ生きてゆけないテーマを探す

阿部謹也先生の授業を私は受けたことがない。授業を受けた人の噂では、中世の話をしながらまるで推理小説のように資料を解読する授業だったそうだ。当時の私は歴史に興味がなかったが、推理小説のような授業とはどんなものかと興味をそそられた。

そもそもゼミを選択するとき、小樽商科大学から鳴り物入りで一橋に赴任して来られた阿部先生のゼミに入ろうかと思ったこともあった。しかし中世よりも現代への関心が遙かに強かった私は結局社会心理学のゼミに入った。今にして思えばサブゼミでもいいから入っておくべきだったが、私は既に哲学とドイツ語のゼミにも入っていたので、さらにもう一つというのは、いくらなんでも無理だっただろう。

阿部先生とは、二〇〇〇年頃、ある役所の委員会でご一緒した。先生は委員長であり、私はもちろん平の委員であった。一瞬で物事の本質をつかみ、手短かであるが深い洞察に基づく言葉を発せられる先生に感銘を受けた。私もこういう人間に少しでも近づきたいと思った。

しかし『阿部謹也自伝』を読むと、先生に近づくのは並々ならぬことだと気づく。学者になると言ってお母様に反対されると、先生は乞食になっても学問がしたいと言ってお母様を説得したという。

ああ、だめだ。この時点で無理だ。私も一時期学者を志したが、まず何より自分の能力の限界に気づいて諦めた。でも、乞食になっても学問がしたいという気持ちがあれば、能力の不足など何でもないことだったろう。

共感できるエピソードも多い。たとえば、アダム・スミスの『国富論』を読んでいた学生時代の先生は、一本のピンをつくる作業は十八工程に分れているが、一人で作業をすれば一日一本すらピンはできない、工程を分けて職人が分業すれば一日に四千本のピンができるという箇所を読み、たしかにそれで生産効率は上がるが、針金を切るだけの仕事を一日中している職人はなんとつまらない仕事をすることになるか、それより一日で一本できなくても、一人で時間をかけて作るほうが楽しいのではないかと思ったという。

こういう考え方は、企業に入って、あるいは自分で起業したにせよ、売上と利益に血道を上げる人々には、まったくわからないであろう。いや、わかっても、それを仕事にできない。もちろん、一日一本をつくる仕事を楽しいと思う人も、一日数千枚つくられたTシャツを着ているだろう。だから、持ちつ持たれつなのだが、一日数千枚つくられたTシャツを来たり、売ったりしている人たちも、それが虚しいと感じる時はあるはずであり、そのときに、ひと月に一枚もできない編み物をして精神の均衡を保つことはあるはずだ。

あるいは阿部先生の、そのまた先生である上原専禄《せんろく》先生とのやりとり。阿部先生が卒論のテーマに悩んで相談に行くと「どんなテーマを選んでも良いが、それをやらなければ生きてゆけないと思われるようなテーマを選ぶべきでしょうね」と言われた。また「テーマは大きく設定し、小さなことから始めなさい」とも言われた。

アルバイトが忙しくゼミの来週の報告ができないと申し出た学生に、上原先生は「現代のような時代に簡単に報告ができないということはよくわか」るが、だったら「なぜ報告ができないのかを話して下されば、立派な報告になるでしょう」と言われたという。

ああ、いいなあ。なんと廉直で、誠実で、深い愛に満ちた師弟関係だろう！

今の私にはまだ「それをやらなければ生きてゆけないと思われるようなテーマ」はない。もう還暦だから、今後もできないだろう。

だが、ライフワークはある。それをやらなければ生きてゆけないほどではないが、あったほうが楽しいと思えるテーマだ。

研究でなくても、職人の仕事でも、家庭での料理でも、それがあれば毎日が楽しく、疲れるどころか、むしろ疲れが取れる、そんなことを、誰もが見つけられるとよいと思う。

近代

富永健一
『日本の近代化と社会変動』
講談社学術文庫　一九九〇年

近代とは何かを知らずに将来予測はできない

将来を予測するためには、今がどういう社会かを知る必要がある。ここで「今」というのは「ここ数年の」という意味もあるが、もっと広く「近代社会」という意味でもある。

近代とはどういう時代かを知らずに、まさに今この時がどういう時代か、将来がどうなるかを正しくつかむことはできない。

現代社会は近代社会である。当たり前である。しかし、当たり前すぎることほど誰も考えないものである。だから、いざ説明しろと言われると意外にできない。ある企業の若手研修で近代を代表する思想家は誰かとたずねると「ニーチェ」という解答が出て大笑いしたこともある。

富永健一のこの著書を読む以前から、私は近代化とは何かを自分なりに考えてきた。だいたい基本的なことを考え終わったかなと思ったころにこの本を読んだ。先に読んでおけば自分で考える必要がなかったと思った。

だが、自分の頭で考えることは重要である。最初から性急に正解を求めてはいけない。問題の解法だけ習っても「地頭」は鍛えられない。大事なのは正解を求めて自分の頭で考えるプロセスだ。問題の解き方を自分で考え出すことだ。その思考のプロセスで考えたことは、たとえ正解に至る近道ではないにしても、長い職業人生の中で自分の糧になるのだ。

富永健一は戦後日本を代表する社会学者の一人である。どちらかというと階層研究を除けば実際の社会を研究するというより、社会学そのものを研究した人であるが、本書はその研究をベースにして、日本社会が明治以降どのように近代化してきたかを総覧するという恐るべき本である。おそらくウェーバーの著書『経済と社会』と『社会学の基礎概念』の近代日本版を目指した野心的な本である。

富永は近代化を、①経済的近代化、②政治的近代化、③社会的近代化、④文化的近代化に整理する。経済的近代化とは「産業化」であり、科学技術の応用にとって生産力を向上させ、それと並行して近代的な組織と市場が形成されることを意味する。

政治的近代化とは「民主化」である。言うまでもなく、少数の権力者による政治支配ではなく、平等な権利を持ったすべての国民が政治の主権者となることである。

社会的近代化とは「自由・平等の実現」である。具体的には地縁社会の束縛から解放されて個人が自由な競争を行う社会になることである。

文化的近代化とは「合理主義の実現」である。これは人間が、伝統、因習、迷信などに縛られず、科学的で合理的な思考をすることである。

さらに社会的近代化は、五つに分かれる。第一は「家族の近代化」であり、家父長制家族から核家族への変化を意味する。

第二は「村落と都市の近代化」である。具体的には、産業化によって都市の労働力需要が増えることによって、農村部の人口が都市部に集中することを意味する。

第三は「組織の近代化」である。それは、企業に代表される目的集団が発展することである。

第四は「社会階層の近代化」である。言うまでもなく、封建的な身分社会が民主的で自由・平等な社会になることにより、下位階層からの上昇、あるいは上位階層からの脱落が起こる、つまり階層移動が起こる社会になることである。

このように本書は、近代社会のまさに理念型を与えてくれる。激変期にある現代社会の今後の変動を予測する上でも、基本中の基本の概念を整理した図書として活用することができる。

戦後

吉川洋『高度成長』

読売新聞社 1997年（中公文庫 2012年）

高度成長の「正のスパイラル」現象がよくわかる

現代の日本を考え、将来を予測する上でも、過去の日本を知ることは必須である。過去と言っても、今の若い人にしてみれば、戦後の高度成長期だって遠い昔。映画「三丁目の夕日」でしか垣間見たことのない幻の時代である。

しかし、そういう時代があったことをもっと正確に知っておく必要があると思ったら、本書を読むのが一番手っ取り早い。著者は経済学者で、政府の会議でも活躍する理論家だが、本書は経済だけでなく高度成長期の全体的な社会変動を具体的にわかりやすく概説している。ちなみに本書は「20世紀の日本」全十二巻シリーズ（読売新聞社）の一つだが、他に「安全保障」「経済発展」「自民党」「東京」「女性と家族」「学校と工場」「知識人」「群衆」などのテーマを、である。北岡伸一、御厨《みくりや》貴、猪木武徳、篠塚英子ら一級の専門家が書いており、非常に有益なシリーズである。

さて、高度成長期とは、通例一九五五年から第一次オイルショックのあった七三年までを指す。五五年は現在の自由民主党が「保守合同」によって結党された年である。保守合同とは、それまで二つあった自由党と保守党という保守二大政党が五五年十一月に合併して自由民主党一党にまとまったことを言う。なぜ一党にまとまったかというと、五五年十月にはそれまで右派と左派に分裂していた社会党が再統一され衆議院で一五六議席を持つ勢力となるなど、日本で社会主義勢力が力を増してきたので、それに対抗するためである。以来日本は九三年に細川政権が成立するまでの三十八年間、自民党一党支配体制を続けた。これを「一九五五年体制」という

これにより日本は自由主義体制の国家として本格的に歩み始める。同じ五五年には日本生産性本部、経済企画庁、日本住宅公団が設立。翌五六年には日本道路公団も設立されるなど現在まで続く日本の体制が形作られ、五五年から五七年までは神武景気と呼ばれる好景気が続いた。トヨタがクラウンを発売したのも五五年。ソニーは初のトランジスタラジオを発売している。五八年には、スバル360、ホンダスーパーカブ、日清チキンラーメンなどが発売。東京タワーが

完成した。そして六〇年には、十年で日本の国民所得を十倍にするという、今から考えると夢のような「所得倍増計画」が打ち出された。

高度成長期は日本の本格的な近代化の時代であるから、富永健一のところで解説したように、近代化の諸傾向、すなわち「民主化」「産業化」「都市化」「合理化」などが急激に進んでいく。

本書によれば、一九五〇年の日本は、就業者の48%が第一次産業に従事していた。高校に進学するのは男子の半分、女子の3分の1。平均寿命は男性五八歳、女性六一・五歳。為替レートは一ドル三六〇円。一人あたり国民所得は一二四ドルでアメリカの14分の1にすぎなかった。

これが七〇年になると、第一次産業就業率は19%。逆に雇用者比率は64%に上昇し、国民のサラリーマン化が進んだ。高校進学率は男女とも80%。平均寿命は男性六九・三歳、女性七四・七歳。一人あたり国民所得はアメリカの四割程度にまで増大していた。

都市化も進んだ。都市部に集中する工場などで働く労働力需要を満たすために、地方から中卒、高卒の大量の若者が大都市圏に集められた。彼らは企業に利益をもたらす「金の卵」と呼ばれた。六〇年代前半には五十万~六十万人が三大都市圏に転入してきた。この大量の人口が高度成長の原動力になったと吉川は言う。高度成長期の経済成長率と大都市圏の転入超過人口あるいは日本全体の世帯数の増加率には強い相関関係があると言うのである。

つまりこういうことだ。大量に流入した若者は、いずれ結婚し、子供を作り、新しい世帯を増やす。しかし大都市圏には十分な家がないから団地を借りる。そして家具、家電などの家財を買う。子どもが成長すればもっと広い家を求めて郊外に一戸建てを買い、クルマを買う。家具も家電も買い替える。物を買えば企業の売上げは伸び、売上げが伸びれば社員の給料も上がり、給料が上がればさらに物を買うという魔法のような循環がそこに生まれたのである。

世代

岩間 夏樹
『戦後若者文化の光芒』
日本経済新聞社 1995年

最低限本書を読んでから世代を語って下さい

これは非常に便利で明快で使い勝手のよい本である。戦後生まれの代表的な世代、団塊世代、新人類世代、団塊ジュニア世代の特性を、独自の調査の結果などから分析している。企業でこれらの世代をターゲットとした戦略立案をしている人は必ず読んだ方がよい。

著者は市場調査会社ライズコーポレーションの社長、岩間夏樹。かれは東大在学時代に同社を設立し、学生企業の走りだった。当初は宮台真司（首都大学東京教授）も同社におり、佐藤俊樹（東大教授）がバイトをしていたという。

本書は独自の定量調査を踏まえて非常に客観的な分析がされている。定量調査を踏まえているのだから客観的なのは当たり前だろうと思われるかもしれないが、現実にはそうでもない。

サンプリング（調査対象者の集め方）によって結果はどうとでも動く。

また特定の企業がクライアントで調査をする場合、その企業の方針によってもかなり左右される。いや、企業の方針なんていう立派なものならいいが、単に担当者の好み、さらに言えば担当者が上司の好みをおもんぱかって、こんな結果を出して欲しいとか、そんな結果が出ると上司が考えていることと矛盾して上司の機嫌を損ねて、僕が怒られるから出さなくていいとか言い出すことも多いので、まったく客観的な分析とはほど遠い、一面的な分析しか出てこないことも少なくない、というか日常茶飯事である。

しかも世代論というものが、比較的実証性なしに印象論で語られやすいものである。印象論は印象論で、感性が鋭くかつその感性を巧みに表現できる言語力がある人間が行えば下手くそな統計分析などより遙かに有益だが、そういう人はなかなかいないので、やはりできれば定量調査をして事実を検証した方がよい。

だがいかに客観的に調査をしても、たった一回の調査では、それが本当に世代の特性なのか、単に年齢的な特性なのか、はたまた時代的な特性なのかがわからない。だから、団塊世代、新人類世代、団塊ジュニア世代という三世代を比較できるほど戦後の大衆消費社会が歴史を持つようにならないと、そもそも正しい分析もできないのである。

ちなみに本書では、通例、クリスタル族とかHanako族とか言われて、消費社会の担い手と見なされることが多い新人類世代を、一九八五年の調査に基づき「ミーハー普通人」「先端的高感度人間」「ネクラ的ラガード」「バンカラ風さわやか人間」「アンバランスなスペシャリスト」の五類型に分けている。「アンバランスなスペシャリスト」がその後「おたく」と呼ばれる類型だ。八五年の時点でネアカで消費的でない新人類世代を数値データに基づいて発見したところにこの調査の意味がある。

次の団塊ジュニア世代については九二年の高校生が調査されている。これを九〇年の大学生、つまり新人類世代の最後尾世代と比較すると、①ミーハーが24%から8%に減少、②バンカラも25%から5%に減少、③ニヒリストタイプが11%から21%に倍増、④ヨリカカリタイプも18%から46%に激増となっている。簡単に言えばネアカな新人類世代からネクラで慎重な団塊ジュニア世代に変化したのである。もちろんその背景にはバブルの崩壊がある。

ところがマーケティング業界では、その後もずっと団塊ジュニア世代を消費のリーダー役に仕立てようと躍起になっていた。もちろん人口が多いのだからそれは当然の戦略だ。しかしターゲットがどんな世代であれ、消費のリーダー役は明るくミーハーで何でもモノを買いたがる人たちだと思いたがる傾向はその後も長く続いた。だから、私の団塊ジュニア論では、かれらが慎重な消費者であり、容易にモノを買わない世代であることを言い続けなければならなかったのだ。

中流

村上 泰亮『新中間大衆の時代』

中央公論社　１９８４年（中公文庫　１９８７年）

中流社会論の古典ながら格差社会を予言

村上泰亮《やすすけ》の『産業社会の病理』（中公叢書）を学生時代に読んだとき、この人はなんて頭がいいんだろうと絶句した。ブリリアントを通り越してエレガントなのである。村上の頭脳は、きっと物理学の法則が描く美しい曲線のように情報を整理してしまうのだろう。

その村上が一九八四年に出したのが『新中間大衆の時代』である。日本は中流社会だといわれたのはすでに七〇年代半ばから後半にかけてのことであり、私が大学に入ったころには岸本重陳《しげのぶ》と誰かがＮＨＫの番組で日本は中流社会になったのか、なっていないのかと論争していたのを覚えている。本書でも肝心の「新中間大衆の時代」と題する第四章は一九八〇年に発表された論文である。

読み返していて面白いなと思ったのは、村上が、内閣府の世論調査で自分の生活程度は五段階で「中の中」だという人が六割いるからというだけで「総中流化」だという結論を出すことに反対している点である。もっときちんと「中流」の概念を検討し、さまざまな調査結果を組み合わせて結論を出すべきだと学者らしく指摘している。

では「中流」とは何か。村上の定義を簡略化していうと、まず経済的には、決して豊かではないが、一定の所得と資産を持っている。政治的には地域社会や企業組織などで管理者的な役割を果たす。文化的には何らかの高等教育を受け、独特の生活様式を持ち、勤勉、節約、結婚と家庭の尊重、計画性、効率性、責任感など「産業化」に適合した価値を担っている。彼らは読書や新聞購読の習慣を持ち、洋風応接間のついた住宅に住み、女中を雇い、背広を着て通勤し、躾《しつ》けの様式や山の手言葉と呼ばれる話し方も生まれていた。

今から見ると少し古風な「中流」の定義から、戦後増大した「中の中」階層を見てみると、そこには上位層、下位層との経済的、政治的、文化的な明確な差異が存在しない。だからそれは「中流階級」でも「新中流階級」でもない、「新中間大衆」であると村上は言う。

このとき村上の「新中間大衆」に対する価値判断は、もちろん明確ではないが、言葉の端々に感じられるそれはやはりどこか否定的である。そしてなんと彼は「下流」という言葉を使っている。

「かつて全次元にわたって下流と明確に区別されていた『中流階級』が輪郭を失っている。生活様式が、ホワイトカラーとブルーカラーや農民との間で区別できなくなっている」。そしてここが面白いが「中流階級を特徴づけていた躾けや倫理観が守られなくなってきた」と村上が書いている点だ（おそらく心の中では大いに嘆いている）。「身なりや話し方には何らちがいもない。このような状態では、大半の人々がもはや自らを下層とは意識しえなくな」る。つまり村上の言う「新中間大衆」は、かつての中流が「下流化」したようなものであり、格好は中流だが躾けも倫理観もなってないものである。それはかつての下層が中流風なものに化けたものであると村上は言いたげである。そして私はその村上の認識はまったく正しいと思う。

それから村上はこうも言っている。それは近年問題視されている階層の二極化を予言するようなものである。簡略化して言うとこういうことだ。

産業化を支えるのは中流階級の「手段的」な価値（勤勉、節約、結婚と家庭の尊重、計画性、効率性、責任感など）だ。手段的価値は、将来指向、効率志向、仕事指向、社会的関心などの特徴を持つ。しかし豊かな社会が実現されると生存のためにあくせく働くことへの動機付けが失われる。すると「即時的《コンサマトリー》」（consummatory）な価値が台頭する。「即時的」な価値とは現在指向、情緒指向、余暇志向、私生活指向として現われる。

しかし社会は完全に産業化を脱するわけではなく、むしろますます産業化への依存度を高めるから手段的価値は不可欠だ。だから手段的価値に献身する少数者が社会を管理する必要がある。すると、今この時のやりがい、楽しさを求める即時的価値に向かう一般大衆と、利益追求のためにあらゆることを考える手段的価値を担うエリートに、社会は分極化するというのだ。その後の日本の格差の拡大のひとつの原因がすでにここに指摘されていたのである。

青 年

小此木 啓吾『モラトリアム人間の時代』

中央公論社 1978年（中公文庫 1981年）

若者の本質は変わっていない

私は少し変わった人間なのか、中学生時代から若者論が好きだった。新聞の若者欄はいつも読んでいたし、高校生の時は精神科医の小木貞孝（作家の加賀乙彦）の『現代若者気質』（講談社現代新書）という本を読んで、最近の若者は軟弱だなどと思ったりしていた。自分が若者なのに若者論を読むというのはどういう心理なのだろうか？

それはともかく、一九七〇年代以降に書かれた若者論の中で最初の重要な文献は『モラトリアム人間の時代』であると言ってもほぼ異論はなかろう。

単行本（中公叢書）になったのは一九七八年だが、初出は『中央公論』七七年十月号なので、ちょうど私が大学に入った年である。当時の私は大学の雰囲気にあまりなじめず、四畳半のアパートで昼夜逆転の生活をして、夜中にフロイトやニーチェを読みふけっていたので、まさにモラトリアム人間を地でいっていたようなところがあった。小此木《おこのぎ》さんはフロイトのよき紹介者でもあったし、私の父も心理学を学び、小此木さんの著書を多数読んでいたので、私にとっては親しみがわきやすい方だったのかもしれない。

さて、「モラトリアム人間」という言葉自体はすでに一九七一年に小此木さんが作ったものだという。激しい学生運動後の若者が行き場を失い、しらけとか四無主義とか言われた時代に生まれた言葉だと言える。

モラトリアムとは猶予期間という意味で、敗戦国が終戦後に、戦勝国に対して賠償金を支払うまでの期間もモラトリアムという。心理学におけるモラトリアムは、子どもから大人になるまでの青年期の期間を指す。子どもでもないが大人になりきれてもいない期間である。精神分析学者のエリック・エリクソンが考案した概念である。

子どもから大人になるまでにモラトリアム期間があるのは当たり前じゃないかと若い人は思うだろうが、昔は当たり前ではない。昭和三〇年代までは、五歳の子どもが薪をくべて風呂を沸かすくらいは当たり前だったし、農業、商店、工場などの家業を手伝うのも当然だった。戦前なら十歳前後で丁稚奉公《でっちぼうこう》に行った。「おしん」を見ればわかる。宮崎アニメの「となりのトトロ」でも、小学五年生のさつきちゃんが毎朝ご飯の支度をしている（時代は昭和三〇年代）。私の同級生も、農家の子どもは十歳でトラクタを運転していた。子どもは小さいときから大人になるための仕事をどんどん任された。子どもでも大人でもない中途半端な期間はなかったのである。

それが戦後、義務教育期間が九年間になり、昭和三〇年代には高校進学率が七割に近づき、また家事が家電によって省力化され、さらに農業、商店、工場などの自営業が減って、サラリーマンが増えて職住が分離すると、仕事をしないですむ青少年というものが大量に発生した。そして一九七〇年代後半になると、高校進学率はほぼ100％となり、大学進学率も男子では35％、女子では30％（短大を含む）になるので、長いモラトリアム期間を持つ者がますます増加したのである。

まして七〇年代、すでに日本は中流社会を実現していた。若者の政治闘争も終わりつつあった。若者のエネルギーは、一九八〇年代に消費に向かって水路づけられるまでは、宙ぶらりんの状態で捨て置かれた、というのが七〇年代の状況だったのではないか。モラトリアム人間が生まれる土壌があったのである。

もちろん八〇年代以降の若者がモラトリアム人間ではないということではない。モラトリアム期間を政治でも勉学でも労働でもなく、消費によって満たすモラトリアム人間が増加したのが八〇年代なのである。また、八〇年代に定義された本来の「フリーター」のように、正社員になることを長期間先延ばしにする若者も典型的なモラトリアム人間だったと言える。

小此木が提示するモラトリアム人間の特徴は以下の通りである。

①まだいかなる職業役割も獲得していない。

②すべての社会的かかわりを暫定的・一時的なものとみなしている。

③本当の自分はこれから先の未来に実現されるはずで、現在の自分は仮のものにすぎないと考えている。

④すべての価値観、思想から自由で、どのような自己選択もこれから先に延期されている。

⑤したがって、すべての社会的出来事に当事者意識をもたず、お客さま意識しかもとうとしない。

驚くほど今の最新の若者論と変わらない。本質的なことはすべてここで語られている。まさに本書は古典なのである。

その消費社会のモラトリアム人間は、消費の楽しさをあきらめざるを得ない結婚や出産を先延ばしにしがちである。八〇年代以降の未婚率の上昇の一つの背景はそれである。そして三十歳くらいまで親元暮らしをしてリッチな独身生活を楽しむ。それがパラサイトシングルである。

だが、バブル崩壊後の就職難、および一九九八年以降の非正規雇用の増加に伴い、若者がリッチなパラサイトシングル暮らしを楽しむ経済的基盤は大きく揺らいだ。モラトリアム期間が強制的に延長されて、何歳になっても一人前の所得を得られない状態になったとも言える。モラトリアム人間論を踏まえながら、新たな若者論の視点を見つける必要がある。

男女

山田 昌弘
『結婚の社会学』
丸善ライブラリー　1996年

先見性のある研究が大衆に広まるには十年かかる

山田昌弘というと、『パラサイトシングルの時代』（ちくま新書）、最近では『「婚活」時代』（ディスカヴァー携書）が有名だが、一九九六年に出した『結婚の社会学』は、現代における恋愛と結婚を考える上での基本中の基本の文献だと思う。

私はこの『結婚の社会学』以来数年、山田さんの本はほぼすべて読んだが、恋愛と結婚に関しては九六年からずっと同じことを言われている。二〇〇八年の『「婚活」時代』にいたっては、まったく新しい知見はないほどで、それはつまり、学者の一つの知見が、『「婚活」時代』のように一般大衆が読む本として広がるまでには十二年間かかるということなのである。

拙著『下流社会』（光文社新書）にしても、格差論の火付け役と言われることがあるが、それは間違いで、火付け役は九八年に出た橘木俊詔《たちばなきとしあき》の『日本の経済格差』（岩波新書）だと思う。そこから経済学者同士の学術論争が始まり、その後、佐藤俊樹の『不平等社会日本』（中公新書）、山田さんの『希望格差社会』（筑摩書房）などが出て、火が広がったところで『下流社会』が出た。だから私は火をつけたのではなく、火に油を注いだのである。それで格差論が大衆化した。そして二〇〇八年の派遣切りで格差の実態は否定しがたい現実であることが露呈された。そこまで十年以上かかっている。それほど学問的知見が大衆に広がるには時間がかかるのだ。

　ところで先日、私は山田さんと一緒に小渕優子少子化担当大臣が主催する少子化問題を考える会議に出席した。そこでも山田さんは「すでに『結婚の社会学』で書いたことがようやく今日議論される。それは少子化問題でこれまでタブーだった恋愛とお金の問題だ」という意味のことを発言された。その通りなのである。

　これまで行政は、少子化問題を解決するために、すでに結婚している女性が働きながら子育てするのを支援する施策を講じてきた。しかしそもそも結婚しない男女がいる。結婚どころか恋愛していない、出会っていない男女がいる。それをどうするかを考えるのが今回の会議のテーマである。だが、私はそんなことはもう『結婚の社会学』で書きましたよ、と山田さんは言われたのである。ひとことで言えば、恋愛が自由競争になったので、勝者と敗者に分かれるということだ。そのことを十二年間山田さんは言い続けたのに、広く社会がそれに気づくまでに、少なくとも行政側がそれを議題にするまで十二年間かかったのだ。なぜ気づくのが遅れるかといえば、その事実を認めたくないという心理が働くからである。

逆に言えば、山田さんは事実に早く気づくのではなく（気づくのかもしれないが）、「見たくない現実を見る」ことを恐れないのだろう。

雇用

『女性たちの平成不況』

樋口 美雄・太田 清・家計経済研究所 編

日本経済新聞社 2004年

時代に翻弄される女性の生き方

非常に独創的で貴重な研究であり、私の『下流社会』執筆の動機づけにも非常に強く影響した本である。

これは家計経済研究所が行った「消費生活に関するパネル調査」の分析結果である。パネル調査とは、調査するたびに異なるサンプル（調査対象者）を集めるのではなく、まったく同じサンプルを継続的に追いかけて、その人の経年的な変化を調査するものである。アメリカでは一般的に行われているが、日本ではほとんどないということで、樋口が家計経済研究所に提案して開始した。アンケート調査の弱点は、たとえば現在の二十代の女性の傾向が、十年後に三十代になっても続くのか、あるいは十年後の二十代でも同じ傾向があるのかといった点がわからないところにあるが、パネル調査ならその弱点を克服でき、本当の長期的なトレンドの変化がわかる。

本書で使われているサンプルは、二〇〇二年時点で三五～四四歳の女性の十年間分（九三年から〇二年まで）と、二九～三四歳の女性の六年間分（九七年から〇二年まで）である。だから、世代的には一九五八年生まれから一九七三年生まれまでを含む。つまり、男女雇用機会均等法以前に就職した世代から均等法後に就職した世代まで、あるいはバブル経済以前に就職した世代とバブル時代に就職した世代とバブル崩壊後に就職した世代が含まれる。

分析の結果わかったのはバブル崩壊後のデフレ経済が女性を直撃し、女性の人生選択を制約したことである。均等法世代は均等法前世代よりも未婚女性の正規雇用者率が高く、正社員が結婚や出産後も就業継続する率が高まっている。

他方、バブル崩壊後世代は均等法世代よりも未婚女性の非正規雇用者率が高い。それは当然だが、正社員の結婚出産後の継続就業率も低いという。これはバブル崩壊後世代が希望する企業に就職していない者が多いために、結婚出産後にあえて継続就労する意欲がわかないことと、大企業のように育児支援制度の整っていない企業に就職した者が多かったことによるのではないかと推測される。しかも一度離職した女性が正社員として再就職する可能性は低いので、均等法世代の女性と比べるとかなり経済的に不利である。就職時点での経済情勢が女性の長期的な人生設計に大きな不公正をもたらすのである。

本書の情報量はきわめて膨大であり、近年問題になっている格差の固定化、貧困率の上昇などの問題もいち早く指摘されている。とてもここですべてを紹介することはできない。ぜひ自分で手にとって熟読して欲しい。

ところが最近某経済ネットメディアで某大手広告代理店の独身市場研究者と名のる人物が、まったく不勉強で統計分析能力もない駄文を書いていたので拙著『中高年シングルが日本を動かす』（朝日新書）で徹底批判しておいた。この代理店は、昔はインテリが多かったが、今は違うようだ。こういう駄文を平気で掲載するメディアも不勉強である。

意欲

苅谷剛彦
『階層化日本と教育危機』
有信堂高文社　2001年

勉強しようという意欲の格差と自己肯定感の関係

『下流社会』を書く五年ほど前から私は新しく出版された階層研究をほぼ全て読んでいたが、その中でも特に刺激的だったのが本書である。

本書のキーワードは「インセンティブ・ディバイド」、勉強しようという意欲の格差である。意欲がある子どもとない子どもに分かれていて、意欲のない子どもは学ぼうとしないし、努力をしない。総じて生きる意欲を喪失しがちになる。まさにこれが『下流社会』の中心テーマだ。

そして重要なのは、その意欲の格差が親の学歴などと相関している点であり、その相関が強まっている点である。苅谷によれば、大卒の母親の子ども（高校生）の一日の勉強時間は一九七九年には一二三分だったが九七年には一〇六分に一七分減った。しかし中卒の母親の子どもの勉強時間は七九年に八七分から二七分に六〇分も減っている。

高度成長以前の日本は、今とはまた違う古典的な意味での格差社会だった。富める者は少数であり、国民の大半は貧しかった。そして高度成長は、その貧しい国民に、がんばれば豊かになれるというインセンティブを与えた。がんばって勉強して、がんばっていい会社に入って、がんばって働けば、今よりずっといい暮らしができると信じられたし、現実にそうであった。つまり高度成長期の社会は貧しい人ほど意欲を持ちやすい社会だったのだ。

ところが苅谷の指摘するように、親の学歴が低い、ということはおそらく相対的に貧しい家庭の子どもほど意欲を持たず、他方、裕福な家庭の子どもはあまり意欲を失っていないとすれば、時代は逆転したのである。そして意欲の格差に基づく経済的、社会的格差はますます拡大し、固定化する危険性を持つ。

そして意欲を喪失した若者は、今が楽しければよいという刹那主義に陥りがちになる。しかもそうした刹那主義を助長する暇つぶしの娯楽は街にもインターネット空間にもあふれている。学ぶ者と暇つぶしにふける者の差はますます拡大する。

しかし、本書のもう一つの興味深い発見は、そうして暇つぶしをしているように見える若者の方が自己肯定感が強いらしいという点だ。七九年には「自分には人よりすぐれたところがある」と思う高校生ほどよく勉強したが、九七年にはそういう相関はなくなった。つまり自信のある子どもでも勉強しなくなった。さらに詳しく分析すると、「将来のことを考えるより今を楽しみたい」と思う利那主義の子どもほど、また「あくせく勉強してよい学校やよい会社に入っても将来の生活に大した違いはない」と思う子どもほど自信も強いという傾向は、出身階層が低い高校生においてのみ見られたという。

私は教育学者ではないので、自分に自信があるのなら勉強しなくてもいいという若者を否定する気はない。昔も、すぐれた技能を持って生きている職人が学校の勉強をしないということはあった。だから問題は、若者が何を根拠に自信を持っているか、その自信が自分で働いて稼ぐ力につながっているかどうかであろう。

家族

上野千鶴子『家父長制と資本制』

岩波書店 1990年（岩波現代文庫 2009年）

ルサンチマンに満ちた恐るべき迫真の書

私と上野千鶴子の出会い方については彼女との対談『消費社会から格差社会』（河出書房新社／ちくま文庫）に詳しく書いてあるのでここではあまり書かないが、要点だけいうと、私が新入社員で配属されたマーケティング雑誌を私が入る以前から上野さんは定期購読していた。そして入社した年に『セクシィ・ギャルの大研究』（光文社／岩波現代文庫）という処女作（本人は「処女喪失作」と呼ぶ）で物書きとして本格デビュー。新聞広告では当時大人気だった栗本慎一郎と山口昌男の二人が推薦文を書いていたので、いったいどんな女性なのかと早速本を買った。

私は上野さんのファンというわけではないが、しかし主要な本はだいたい買って読んだ。それはつまり、どうしても読まざるを得ない何かをそれらの本が発していたのだと思う。

八七年の著書は『〈私〉探しゲーム』（筑摩書房）。今でこそ掃いて捨てるほどの「自分探し」という言葉が氾濫しているが、二十年以上前に「私探し」をタイトルに据えた本を書いていたのだから、気にならないはずはない。

九〇年に『家父長制と資本制』を出版。帯に「時代を挑発し続ける著者が全力投球したフェミニズム理論の総決算」とある。たしかに物凄くエネルギッシュな本で、私も一気に読んだ記憶がある。

そして読後、なんてルサンチマンに満ちた本だろうと思った。女の男に対する反感、恨み、愛憎。社会科学の本なのに、私小説のようにどろどろしている。それがまた読み応えになっている。恐い映画を見た後のような気分。単にジェンダー論やフェミニズムを教科書的に学ぶためなら他にも適当な本はあるだろう。だから、本書を読むことの意義は、女性が、特に団塊世代の女性が、自分たちの親や出生を、つまりは自分の存在を批判的にとらえるところに日本のフェミニズムの源流のひとつがあるということを実感できる点だろう。

ジェンダー論にもフェミニズムにも特に関心はないが、本書を読んでおきたいという方は、巻末の「付論　脱工業化とジェンダーの再編成」から読まれることをお勧めする。

本書は男女雇用機会均等法の施行から四年後に出ているが、ここで上野さんは均等法について論じ、企業が均等法対策として女性にのみ「総合職コース」と「一般職コース」を用意し、事実上女性を従来通りのOLと変わらぬ一般職に限定したことを批判し、均等法を「『選択の自由』の名のもとに現実の性差別をおおいかくす」「ザル法」だと呼ぶ。そして今後女性は少数のエリートと、多数派の周辺的な労働者と、どちらでもない専業主婦に三極分解する。「その女性の多様化を、「選択の自由」「個性化」イデオロギーが、あたかもそれが女性自身の選択であったかのように、おおいかくすだろう」と予言している。予言は的中したと言えるだろう。しかも多数派の周辺的な労働者の大半は非正規雇用者となり、専業主婦は恵まれた人でないと不可能になった。かつ今では男性もこの予言の射程に含まれてしまったのだ。

業績主義

本田 由紀『多元化する「能力」と日本社会』

NTT出版　2005年

ハイパー・メリトクラシーとは何か

「能力」というと、学校の勉強ができる能力、仕事で売上げや利益を上げる能力、組織をまとめ上げる能力、部下を育てる能力など、いろいろあるが、本書は「ハイパー・メリトクラシー」という概念を呈示して、現代における新しい能力主義の問題を論じている刺激的な本である。

メリトクラシーとは能力主義または業績主義と訳される。簡単に言えば、テストの点数が高いとか、偏差値の高い大学を出たといった「業績」がその人の「能力」を表していると考えられ、そういう人が待遇のよい会社に入れるとか、同じ会社でも出世できる制度がある場合、それはメリトクラシーが機能している社会だと言える。

そういう社会はまさに近代社会であり、そこで要求される「近代型能力」は「標準化された知識内容の習得度や知的操作の速度など、いわゆる『基礎学力』としての能力」であり、「試験などによって共通の尺度で個人間の比較」ができる。

ではハイパー・メリトクラシーとは何かというと「ポスト近代型能力」が評価される社会だという。「ポスト近代型能力」とは「情動的な部分を多く含む能力」であり、「既存の枠組みに適応することよりも、新しい価値を創造する」能力であり、「異なる個人の間で柔軟にネットワークを形成し、その時々の必要性に応じてリソースとして他者を活用できる」能力である。

そういう能力なら、ないよりあったほうがいい。しかし学力とは異なり、そうした能力を身につけるための方法が明確ではない。ドリルを毎日やれば身につくものではない。よって、もって生まれた才能や家庭環境によって個人差が広がりやすい危険がある。

また近代型能力が、人間の一面的な能力だと割り切れるものなので、それが不足していても、人間性は否定されない。それに対して、ポスト近代型能力は、人間の全体的な能力、つまり「人間力」なので、それが不足しているということは、人間としてダメという烙印を押されることになりかねない。そこを本田は問題視する。

さらに、「近代型能力」と「ポスト近代型能力」は一見矛盾する能力でありながら、二つの能力を兼ね備えた人もおり、また二つの能力をどちらも持たない人もいる。むしろ、本田も懸念するように、近代型能力がある人ほどポスト近代型能力も持っているという傾向もやや見える。そうなると、ますます個人間の格差は広がるだろう。そういう意味では本書のタイトルはわかりにくい。主旨としては「多元的能力を持つ人と持たない人を分ける社会」であろう。

　現実を見る限り、また私の行った調査結果を見る限り、すでにこの「ポスト近代型能力」を評価する傾向は広く一般に広まっている。全人格的な能力であるからこそ、多くの人に支持されるからだ。

　そして、そうした時代の雰囲気を察知しているのか、若者は「ポスト近代型能力」のない人間はモテないという意識を持ち始めているようだ。なかなか厳しい時代である。

心理

NHK放送文化研究所 編

『現代日本人の意識構造〔第八版〕』

NHK出版　2015年

日本人は「再魔術化」の時代に入ったか

マーケティング調査をしていて難しいのは、一回の調査では、出た結果が本当に普遍的な傾向、長期的なトレンドなのか判断できない点である。たとえば、二十代の男性にある傾向が見られたとして、それが十年前の二十代にも当てはまったのか、十年後の二十代にも当てはまるのか、さらに、今の二十代が十年後に三十代になっても変わらないのかという点がわからない。

それがわかるには、同じ質問項目の調査を定期的かつ長期的に全世代の男女に対して継続実施する必要がある。しかし、そういうデータで、かつ一般的に公開されているものは非常に少なく、特に一般に入手可能でしかも安価なものとなると、このNHK放送文化研究所の「日本人の意識」しかない。

これは一九七三年から二〇一三年まで、同じ質問で五年おきに行われている調査である。こういう調査は世界にも例がないらしい。内容は、政治意識、家族観、夫婦観、会社への帰属意識、近所づきあいなどへの意識、性意識などにわたり、日本人の意識を広く概観できる。第一回調査は、若き日の見田宗介が基本設計、分析を行い、その後も助言している調査である。マーケティング、経営企画など、国民の意識、価値観の変化を把握し、今後を予測する仕事をする人間なら、常日頃から熟読玩味しておくくらいでも損はしない。

私の本をよく読まれる方ならご存じだろうが、私がこの調査からよく引用するのは「日々の生活目標」。「その日その日を、自由に楽しく過ごす」か「しっかりと計画をたてて、豊かな生活を築く」か「身近な人たちと、なごやかな毎日を送る」などから自分に当てはまるものを選ぶ質問。日本人全体では「なごやか」指向が過去二十五年間一貫して増加し、「しっかり」指向が一貫して減少しているが、これを年齢別、男女別、世代別に細かく見ていくと興味深い事実が浮かび上がるのである。

それから、関連する調査として「中学生・高校生の生活と意識調査」というものもある。ここから私がよく引用するのが「望ましい生き方」という項目で、「他人に負けないようにがんばる」か「のんびりと自分の人生を楽しむ」かを選択させた回答。この結果を見れば、どんなクルマが売れるか一目瞭然だと、いつも自動車メーカーの方を脅している。

一九八二年の中学生は「がんばる」が63％で、「のんびり」が34％である。「他人に負けないようにがんばる」人が乗るクルマはどんなクルマか？　それはスポーツカーである。実際八二年に中学生だった世代は六七〜六九年生まれで、八五年以降免許を取り、バブル時代にセリカ、ソアラ、スープラ、シルビア、プレリュード、ＲＸ−７といったスポーツカー、スポーティーカーに乗った世代である。

対して二〇〇二年の高校生はというと、「がんばる」が36％で、「のんびり」が61％。逆転している。リースマンの言う他人指向型が増えたのである。他人指向型の人間は他人を蹴落とそうと思わない。

では、他人に負けてもいいから、のんびり走りたい人が乗るクルマはどんなクルマか？　スポーツカーではないだろう。それは日産キューブやスズキ・ラパンのような、スピードの出そうもない、ゆるい感覚のクルマである。

自動車のマーケティングとはまったく関係ない、どちらかといえば教育関係の調査のたった一問を見ただけで、何が売れて何が売れないかわかる。しかし自動車メーカーの人でこんな調査まで目を通している人はおそらくいない。それどころか、自動車メーカーの人たちはほとんどが「他人に負けないようにがんばる」人ばかりなのである。自動車に限らず、大企業に入る人はだいたいそうなのだ。そうでない人も、企業で長年過ごすうちに「他人に負けないようにがんばる」人に変質する。そうやって市場とは異質な目でしか見られない人間に変わっていくのである。そういう偏った視点を矯正するためにも、できるだけいろいろな本を読み、いろいろなデータを見て解釈する必要がある。

ちなみに、本調査を当初設計した見田宗介が七三年から二〇〇八年までの変化を分析したところ、若い世代での意識の近代化の動きが止まっていることがわかった。特に奇跡を信じるものが増えているところにそれは現れている。ウェーバーによれば近代化とは合理化であり、奇跡のような非合理的なものを否定する「脱魔術化」の動きである。ところが奇跡を信じるものが増えるとは反合理化、脱合理化である。それを「再魔術化」と呼ぶ人もいる。長びく不況が若い世代に信仰心を復活させたとも考えられる。一体日本人はこれからどう変化するのだろうか？

分析

マックス・ウェーバー
『社会科学と社会政策にかかわる認識の「客観性」』
岩波文庫　１９９８年〔原典　１９０４年〕

混沌とした社会をくっきり見るための眼鏡をいかにつくるか

この本は私が大学三年生の時にドイツ語の原書と首っ引きで読んだものである。この「客観性」論文を読むことは、彼の「理念型」Ideal Typus, ideal type という考え方を知る上で必須であるが、当時の私はウェーバーの理論を学ぶと言うより、認識論、つまり物事の正しい認識はどうやったら得られるかという問題で死ぬほど頭を悩ませていたため、この論文を読んだのである。

ウェーバーの文章は難解だが、今は新訳も出ているので、昔よりは読みやすい。とはいえ読者の考える脳、「地頭力」を鍛えるには格好の論文である。これくらいのものを若いときにガツンと読んでおけば、相当頭が鍛えられる。

「理念型」とは何か？　私は学者ではないので、ウェーバー読みのウェーバー知らずだが、ビジネスマンにわかりやすい事例で述べてみる。

たとえば、私の主要な仕事である世代論だが、私が「団塊世代はクルマが好きだが、団塊ジュニアはあまり好きではない」と講演で話したとする。すると必ずといって良いほど出るタイプの質問は「私は団塊世代だがクルマは嫌いだ。あなたの言っていることは私には当てはまらない」といったものである。

私はこういう質問をされると内心むかっとくるのだが、同時に、ああ、すべての人がウェーバーの「客観性」論文を読めばいいのにと思うのだ。

「私は団塊世代だがクルマは嫌いだ。あなたの言っていることは私には当てはまらない」。当然である。「団塊世代はクルマが好きだ」というのは、統計的な事実などから、他の世代に比べて団塊世代はクルマが好きな人のパーセンテージが多いということに過ぎない。100％の団塊世代がクルマ好きという意味ではない。ところがこういう幼稚な反論をする人が決して少なくないのである。

では、いかに多くのアンケートや各種の統計を駆使して団塊世代の特性を明らかにしたところで、その特性はすべての団塊世代には当てはまらず、所詮は人それぞれであると考えれば済むのだろうか？　団塊世代も人それぞれ、個人がばらばらだというのでは、団塊世代にどういう物をどのように売るかという戦略が立たない。たとえ100％の団塊世代に当てはまらなくても、いや、30％の団塊世代にしか当てはまらなくても、団塊世代とはこういうものだという「像」をつくることは必要である。その像が理念型である。あるいは、その像をくっきりと浮かび上がらせる手段が理念型であると言った方がいいかもしれない。

だから私はもっと卑近な例で、理念型とはめがねであると言うことにしている。めがねをかけると、近視や乱視でぼやけてしか見えない現実がはっきりと見える。よいめがねであればあるほど、現実はくっきりと見える。よい理念型とは、よいめがねのようなものである。

しかし、「クルマが好きな団塊世代」という程度の単純なものは理念型と呼ぶほどのものではない。めがねとすら言えない。団塊世代については、他にもたとえば「ビートルズが好き」「政治は革新支持である」「消費意欲が強い」「夫婦は友達のようだ」などなど、いろいろなことが言われている。だが「ビートルズが好き」「革新支持」「消費意欲が強い」「友達夫婦」という複数の条件をすべて満たす団塊世代は、数％しかいない。条件をさらに増やせば、それらすべてを満たす人は一人もいなくなるだろう。

では、それらの条件を満たすのが団塊世代の理念型だという言い方は間違いなのか、というと、そうではない。その理念型は現実の無限に多様なひとりひとりの団塊世代の姿をくっきりとさせるための「手段」として役立つからである。マーケティングやコンサルティングなどの社会分析の仕事を通じて作り出さねばならないのは、こうした役に立つ理念型、よく見える眼鏡なのである。

抑圧

ジグムント・フロイト
『フロイト著作集3　文化・芸術論』
人文書院　1969年

家族も消費も「不気味」なものである

フロイトと言えば「性欲論」が有名で、彼がその性欲を「口唇期《こうしんき》」「肛門期」「エディプス期」などに分類したということを、大学の心理学概論かなにかの授業で聞いたことがある人もいるだろう。

私は大学受験前に病気になってしまい、父の書斎で寝起きしていたが、そのとき書棚にあったフロイトの「性欲論」を読んで、噂には聞いていたが、これほど全てを性欲だけで説明するのか！とびっくりしたものである。

学生になってからもフロイトをかなり読んだが、フロイトの中でもっとも面白いのは「性欲論」よりも文化論、芸術論だと思う。人間の心理の奥底にある泥をすくい出して、これでもか

これでもかと解釈する、恐ろしい、そして血湧き肉躍る禁断の思想こそがフロイトの真骨頂である。

だから文化論、芸術論を集めた本書は私にとってよだれが出るほど好きな本で、何度も繰り返し読んだ。フロイトはゲーテ賞を受賞するほどの名文家であるが、本書ではその本領が遺憾なく発揮されている。いかにフロイトが名文家かというと、私のつたないドイツ語力で「トーテムとタブー」の原書を読んでも、意味が十分にわからないにもかかわらず、まるで自分が光輝く大海の悠々たる波の動きに身をゆだねているような不思議な気持ちにさせられるほどである。

本書の翻訳は高橋義孝をはじめとする名だたる翻訳家たち。高橋先生の訳した「ドストエフスキーと父親殺し」「不気味なもの」は好きだ。とりわけ「不気味なもの」はフロイト理論の重要な概念である「抑圧」の意味が手っ取り早くわかるエッセーで、本当は恐いグリム童話を読むようなスリリングな文章が癖になる。

それほど好きなので、私は「不気味なもの」を踏まえて「家族という不気味なもの」というエッセーを書いたことがある（拙著『マイホームレス・チャイルド』（クラブハウス／文春文庫）所収）。現代の家族問題を考える上で、この「不気味なもの」の視点は欠かせないと思ったからだ。

　また上野千鶴子編『脱アイデンティティ』（勁草書房）に載せた拙稿「消費の物語」で現代人がみずからの欲求を「満たしても満たしても満たしきれずに自分に襲いかかってくる不快なもの」と感じていると解釈したのも「不気味なもの」の理論を援用したのである。

　このように学生時代に読んだ本の影響がいつどういう機会に現れてくるかわからない。本から得た思想や感覚自体が心の奥底に無意識となってずっと沈んでいるからであろう。

　その他では「文化への不満」が必読。ここで書かれているようなフロイトの思想を「文化ペシミズム」あるいは「文化敵視」という。人間は文化や文明を生み出し、発展させる。その文化や文明によって人はより大きな自由を得る。ところが一方で、人は同じ文化や文明によってかつてはあった自由を失い、むしろ束縛され、抑圧されていくことも多い。だったら文化や文明なんてものは必要なのか、意味があるのか、ないのではないか、というのが「文化ペシミズム」「文化敵視」である。現代人が、これほど豊かな生活をしながら真の満足感を得られない理由はなぜなのかを考えるときの大きなヒントになるだろう。

現代人

デイヴィッド・リースマン『孤独な群衆』

みすず書房　1964年（改訂版　2013年）

SNS時代のコミュニケーションを予言?

あまりにも有名な戦後アメリカ社会学の古典である。人間の性格を「伝統指向」「内部指向」「他人指向」に分類したことで知られる。それだけ聞くとあまり面白くない。だからか、私は大学に入学したとき、兄の本棚に本書があったのでもらってきたのだが（ついでに丸山眞男の『現代政治の思想と行動』（未来社）ももらった）、アメリカ社会学が長らく好きになれず、ずっと放っておいた。本書の面白さに目覚めたのは、ベル同様、やはり一九八〇年代末である。

本書は一九二〇年代から五〇年までの急速に大衆消費社会化していくアメリカ社会の中で、アメリカ人の性格がどう変化したかを論じている。

伝統指向の人間は文字通り人々が伝統に従って生きるだけだから、自分を個性ある人間だとは思わないし、自分の人生の目標を自分で設定しようとも思わない。自分の子どもが自分と違う人生を歩むとも思わない。

対して内部指向（私は「内面指向」と訳した方がいいと思うが）の人間は、ヨーロッパではルネッサンスと宗教改革とともに出現したものである。次々と新しい技術が生まれ、大航海などによって新しい世界が広がっていく時代においては、伝統にとらわれずに自分の価値観をしっかり持って行動する人間が必要になったからである。

彼は、自分の中に「羅針盤」があって、その羅針盤、つまり明確な価値基準に従って社会という大海原に出て世界を開拓しようという進取の気性を持っている。自分の人生は自分自身で頑張って切り開くものだという信念を持っている。まさにウェーバーの『プロテスタンティズムの倫理と資本主義の精神』で描かれた、禁欲しながら資本蓄積をする近代人の姿を思い浮かべればよい。

最後に他人指向の人間は、内部指向の時代に蓄積された豊かさを基盤にした社会に新しく登場してきた類型であり、アメリカでは二十世紀に入って生まれてきた。もはや頑張りとか、進取の気性とかは不要になった。内部指向の人間は「窮乏感」によって行動したが、他人指向の人間はそうではない。問題なのは物質的なものではなく、他の人間たち、仲間たちである。だから、彼は自分の中に「レーダー」を持っていて、複数の他者の期待と好みを敏感に察知し、お互いに気にし合う。「他人が自分をどう見ているかをこんなにも気にした時代はかつてなかった」とリースマンは書いている。このように書くと現代日本のSNS中毒の若者のことかと思えてくるだろう。古典を読む意味はまさに現代の問題がそこにあるからである。

なお、『孤独な群衆』以後のリースマンのエッセーを集めた『何のための豊かさ』(みすず書房)も翻訳されている。現代人の「豊かさ」にとって不可欠な、消費、レジャー、郊外、自動車、教育、生きがいなどの問題がわかりやすく語られている。まずこちらから読んでもよいと思う。

豊かさ

デイヴィッド・ハルバースタム
『ザ・フィフティーズ——一九五〇年代アメリカの光と影』

新潮社 1997年（筑摩文庫 2015年）〔原典 1993年〕

日本が憧れたアメリカの実像

ハルバースタムはベトナム戦争の泥沼化を描いた『ベスト・アンド・ブライテスト』（二玄社）でピューリッツァー賞を受賞したアメリカの高名なジャーナリストである。その彼が一九五〇年代のアメリカを総覧したのが本書である。

私は郊外文化研究の一環として一九五〇年代アメリカ研究を始めたので同書は格好の資料であった。

その内容は、マッカーシズム、朝鮮戦争、水爆、スプートニクショックといった政治的問題から、巨大なテールフィンの着いた自動車、ウィリアム・レヴィットがつくった大規模郊外住宅地、ロードサイドに全国チェーンのホテル「ホリデーイン」のような大量消費文化、マリリン・モンロー、エルヴィス・プレスリー、ジェームス・ディーンのようなスター、キング牧師、ベティ・フリーダンの著書『新しい女性の創造』やピル解禁などのフェミニズムなど、おそろしく広い。

それを整理すると、こういうことだ。アメリカの一九五〇年代、正確にはベトナム爆撃が始まる一九六六年以前までのアメリカの黄金時代とは、ソ連との冷戦の時代であり、特に五七年にソ連が人類初の人工衛星スプートニクの打ち上げに成功すると、アメリカの危機感は最高潮に達した。人工衛星が飛ばせるということは、核弾頭を積んだ大陸弾道ミサイルの開発が目前だと思われたからである。そのためアメリカはケネディ大統領がアポロ計画によって月への到達を目標に掲げるとともに、真新しい郊外の一戸建て住宅に住む中流階級の核家族、特にその専業主婦が家電製品に囲まれて幸せそうに暮らすことができる社会であることをアメリカン・ウェイ・オブ・ライフとしてテレビドラマ、映画、雑誌、広告、インダストリアルデザイン、博覧会などを通じて世界にアピールしたのである。

しかしそうした広告化されたイメージが隠蔽した現実の中では実際には、人々の不満が鬱積していた。一つは専業主婦という立場に閉じ込められた女性たちの不満であり、次は画一的な文化の中に押し込められた若者の不満であり、三つめは白人中心の「豊かな社会」から排除された黒人の不満である。一九六〇年代末、ベトナム戦争への批判が高まってくるとともに、女性や若者や黒人の反乱も激しさを増していく。一九五〇年代アメリカの「理想」が崩れていったのだ。

だが、われわれ日本人が「三丁目の夕日」の時代を、その時代を知らない若者までが懐かしむように、アメリカ人にとっては、それどころか、その時代のアメリカ文化の洗礼を受けた、現在の五十歳以上の日本人にとっても、五〇年代は黄金の時代としていつまでも懐古の対象である。一体その時代は実際のところどういう時代だったのかを、本書を読むことでつかむことができる。リースマンと併読するとよりよろしい。

公共性

ダニエル・ベル
『資本主義の文化的矛盾』
講談社学術文庫　１９７６年

快楽主義を超えて公共性へ

私は本書を大学時代に買って、卒論にも引用したと記憶するが、その内容を本当に面白いと感じたのは八〇年代末に仕事の必要から読み返したときからだ。それはベルが論じているアメリカ社会の姿に日本社会が近づいたのが八〇年代末だったからではないかと思う。特にベルが一九五〇年代から七〇年代にかけての大衆消費社会の拡大とそれに対する若者の反抗について論じている第一章は、現代若者論としても非常に有益である。

こうした歴史的経緯をたどりつつ、ベルは「現代の資本主義の矛盾」は二つの要因から生じているという。一つは「かつて文化と経済を結びあわせていた絆が解体したこと」、二つめは「快楽中心の価値観が、われわれの社会の主要な価値観となってしまったこと」だ。日本人にとっては比較的新しい問題を、ベルはすでに一九七六年に考えていたと言える。

実際ベルは日本語版への序文で「日本が資本主義社会だからといって、ただちにまったく同じ危機が日本にも存在するという単純な考え方はとらない」と述べている。たとえば「日本では犯罪は非常に少ない」。なぜなら日本では「社会的なコントロールが強」く、「公共的な心情が強いためである」とベルは言う。

確かに当時の日本はそうだ。一九七〇年代後半から八〇年代前半にかけて、日本企業が作り出す安価で高性能な製品は世界中に普及し、「ジャパン・アズ・ナンバーワン」と言われた。会社のために滅私奉公する日本人がそうした成功を支えていた。

そういう時代に本書を読んでも対岸の火事に感じられたに違いないが、今本書を読めば、これは現在の日本のことが書いてあるのかと思えるところも多いだろう。日本でも「文化と経済を結びあわせていた絆が解体し」、「快楽中心の価値観」が主要な価値観になっているからである。われわれは昔と比べれば、地域社会や家族のつながりも、会社の同僚同士のつきあいも軽視するようになっているし、インターネット上にはあらゆる快楽がいつでも引き出せる情報として氾濫している。価値観は相対化し、ひとびとはばらばらになって、個人の世界に引きこもっているように見える。

だが一方で、たしかに個人の自由は大事だが、もう少しお互いに助け合う社会にすべきじゃないかと考える人が増えてきて、ＮＰＯやボランティアに参加する人が増えたり、アメリカの政治学者パットナムの『孤独なボウリング』（柏書房）の影響で「社会関係資本」なる言葉が流行したりしていることも、本書でベルが「公共家族」という概念を提案したことと通底するものがありそうだ。

溶解

ジークムント・バウマン

『リキッド・モダニティ』

大月書店　2001年（ちくま学芸文庫　2014年）

「溶解」する社会と地域

本書を知ったのは数年前、家族社会学者の山田昌弘さんと対談をしていて、山田さんが「三浦さん、バウマンは読みましたか」と聞かれたときである。私はバウマンを知らなかったので早速本書を購入した。

バウマンはポーランドの社会思想家で、一九八〇年代後半になってから注目され、日本では最近になって急速に読まれ始めている。もう九十歳近いと言うのに次々と著作を発表し、日本語訳も続々と出ている。それは彼の思想が、世界のグローバル化が進む今、その意味を批判的に問うものだからであろう。

本書のテーマは副題にあるように社会の液状化である。その液状化というテーマが私が当時進めていた「ファスト風土化」の研究に近いと山田さんは思われたのかもしれない。実際私は拙著『ファスト風土化する日本』でこの液状化概念を使った。拙著『日本溶解論』（プレジデント社／のちに『ニッポン若者論』（ちくま文庫）として改訂）にも影響がある。

バウマンは近代がソリッドな（個体の）重い近代から、リキッドな（液体の）軽い近代に変化したと言う。特にグローバル化が進む現代では、溶解が加速している。

最初に溶けて液体になった固体は「伝統的忠誠心」「慣習的権利」「経済活動を拘束する義務」だと言う。「合理性を邪魔する『不適切な』義務」が払拭された。仕事が「家事や家族に対する倫理的義務から解放」され、「人間の相互依存、相互責任を支える絆」は「金銭的つながり」だけになった。「複雑な社会関係のネットワーク」も「解体」された。それによって人は「経済中心の合理的基準」に対して「無防備」で「丸腰」で「無抵抗」にさせられた。景気の悪化によって突然解雇される派遣社員たちから、われわれはまさに現代人の多くが「無防備」で「丸腰」で「無抵抗」であるという現実を突きつけられている。

一九九〇年代から小泉時代にかけて、多くの学者、知識人が、グローバル化は抵抗しようがないと考えてか、そのもたらす矛盾に対して口をつぐんでいた。中には積極的に旗を振る者もいた。しかし「民にできることは民へ」「大きな政府より小さな政府」「自己責任」「選択の自由」と言いつづけた新自由主義者の中からは中谷巌のように「転向」して「懺悔」する者も現れた。

しかし私は中谷の文章を読んで唖然とした。彼は書いている。「社会の価値がマネー一色に染められていくことがこれほど危険なこととは思わなかった」。「(私は)『社会』というものの重要性を改めて痛感した」。「新自由主義の理論モデルでは、個人と国家しか想定されていない。だから世界中どこでも同じ価値観、同じモデルが成立すると考えられてきた。しかし、そこには、個人と国家の中間にあるべき、固有の歴史を有し人と人とがつながりを持つ『社会』への視点が決定的に欠けているのだ」(「文藝春秋」二〇〇九年三月号)。

唖然とするしかない。経済学者って馬鹿だったんだと私は思った。一橋大経済学部出身の限界だろうか? これほど社会音痴だとは知らなかった。たしかに竹中平蔵の話をいくら聞いても、郵便局をコンビニにする話ばかりで、彼が一体日本をどういう社会にしたいのかがまったく見えない。郵政民営化だって、郵便局は今も平日のみ、五時閉店のままである。どこがどう民営化したのか。

その他「社会を考える」お薦めの本

ウェーバー『宗教社会学論選』
みすず書房　1972年

　できれば死ぬまでに、この本の「中間考察」を翻訳したい。あくまで趣味でいい。とても出版するほどの翻訳をする能力はない。しばしば近代主義者であるかのように誤解されたウェーバーだが、実は近代の持つ矛盾に対してきわめて自覚的であった。近代とは、人間のもっと自由な感性を抑圧し、精神を引き裂くものであるという認識がウェーバーにあったことが「中間考察」を読むとよくわかる。

林達夫・久野収『思想のドラマトゥルギー』
平凡社　1974年（平凡社ライブラリー　1993年）

　私は学生時代、孤独に勉強していると、しばしば自分には学問は向いていない、と疲れ、勉強が嫌になった。そんなときに本書を読むと、なんて勉強って面白いんだろう！　また勉強しよう！と思った。知識よりも体験が重要だという意見もあるが、知識がなければ、なにを見ていいのかもわからないということもある。林達夫はイタリアルネッサンスの研究家だが、七十歳をすぎるまでイタリアに行ったことはなかった。それでも徹底して資料を渉猟し、まるで十五世紀のフィレンツェの街を歩いているかのような文章を書いたのだ。

そもそも同書を手に取ったのは兄の本棚にあったからだ。私の中学一年のときNHK教育テレビで「レオナルド・ダ・ヴィンチの生涯」という長編連続ドラマが放送され、それを見た私はすっかりダ・ヴィンチにかぶれた。たまたま同書を見ると、林達夫も久野収も当然ながらそのドラマを見ていて、話題にしていた。それが同書を読んだきっかけだった。

鹿島茂『デパートを発明した夫婦』

講談社現代新書　1991年

私は二十年以上前、古代ローマから現代までの消費社会の比較文明史を書いてみたいと思っていた。だがちょっと考えればそれは不可能とわかる。そこで二十世紀以降の日本とアメリカだけに絞ろうと方針転換した。十九世紀のフランスの消費社会を誰かが書くとしたら鹿島しかいない。本書だけでも、めくるめく消費社会の誕生がいきいきと描き出されている。彼の『神田神保町書肆街考』(筑摩書房)も必読。

長島伸一『大英帝国』

講談社現代新書　1989年

19世紀、ヴィクトリア朝のイギリスにおける労

神保町古書店街

働者の生活水準の上昇とそれに伴う消費社会化については本書が手軽だ。消費生活とはいえ、怪しげな物質を入れて色を染めた紅茶が出回る様などはいかにもエンゲルスが描いた時代のイギリスだと思わせる。

藤岡和賀夫『モーレツからビューティフルへ』
PHP研究所　1988年

私は昭和三十三年生まれだ。それは東京タワーが建った年であり、オイルショックが私の中三の時なので、私の肉体の成長と日本経済の成長は完全に同時進行している。だが、私の小学生高学年の時代にはすでに公害問題、環境破壊、交通事故などの問題が山積し、急ぎすぎた経済発展への反省が叫ばれ始めていた。そのとき現れたのが富士ゼロックスの広告「モーレツからビューティフルへ」だ。ひたすら物質的豊かさを求めた時代から、心の豊かさの時代への転換が叫ばれたのである。

上野千鶴子『〈私〉探しゲーム』
筑摩書房　1987年（ちくま学芸文庫　1992年）

上野はすぐれた消費社会研究者でもある。「人なみ化」という「ゴールに達した国民は」、次は「ちがいがわかる」こと、「差別化」を目指した。だが「人なみ化」が終わったわけではない。人々は「「人とちがう」ことと「人なみ」であることの狭間」に入り込み、「もう誰ひとり、自分の欲望がわからな」くなるのだ。こうした事態を上野は社会学者・井上俊の言葉を借りて「悪夢の選択」と呼んだ。八〇年代の消費社会を理解するために必須。

網野善彦『歴史を考えるヒント』

新潮選書　2001年（新潮文庫　2012年）

中世史の本だが、本書は文庫で手軽なので読んでみたら、とても参考になった。たとえば「支配」という言葉。中世では支配とは「配分、配布、割り当て」という意味だったという。中世の「支配」は、私が『第四の消費』で論じた「シェア」と近いのではないかと考えた。市民が主体となってメンバーの必要なものを「配分、配布、割り当て」しあえる社会が、私の考えるシェア社会だ。中世について知ることからも、これからの時代を考えるヒントはある。

柳宗悦『手仕事の日本』

岩波文庫　1985年　他

山崎正和の消費論で重要な役割を演じているのが「手仕事」という概念であるが、名もない民衆の手仕事に芸術を見出したのが柳だった。三十年前は一部の人しか知らなかった柳が、今は、これからの日本人のあるべき新しい生活を提案した人であるかのように再評価されている。原発を必要とする大量生産、大量消費社会ではない時代へのあこがれも、そこには隠れているかもしれない。

西尾幹二『ヨーロッパの個人主義』

講談社現代新書　1969年

西尾幹二『ニーチェとの対話』

講談社現代新書　1978年

民主主義とは何かとか、自由とは何かとか、平和とはとか、個人主義とはとか、そんなことを考えることが、私が若かった一九七〇年代にはまだ高校生や大学生の風潮として存在した。考えてもすぐに、いや永遠に答えの出そうもないことを考える時間の長さがその時代にはまだあった。携帯もスマホもゲームもインターネットも影も形もない時代。若者はひたすら退屈であって、ベッドの上に寝転がりながら、そんなことを考えて暇をつぶしていたのである。検索すればすぐに何か答えらしきものが出てくる時代ではなかった。自分の頭で考えるしかなかった。凡庸な高校生、大学生如きが自分の頭で考えられることなどコップの中の嵐ほどにもならぬのだが、考えることそれ自体が、退屈しのぎになるようなのどかな時代であった。

『ヨーロッパの個人主義』と『ニーチェとの対話』と、どちらを先に買ったのか憶えていない。どちらでもよい。とにかく私は個人主義とか自由とか平等とか、そういうことについて考えたくて、これらの本を買ったに違いない。西尾幹二の名は、中央公論の『世界の名著　ショーペンハウエル　意志と表象としての世界』および『同　ニーチェ　悲劇の誕生』の訳者として初めて知った。当時の私は厭世《えんせい》主義にひかれていたからである。

西尾氏の思索はそういう私にとってまさに救いであった。大学に支配的な実用主義への嫌悪感を共有し、人間の退廃を共に嘆くことができたからだ。しかしそれは独善に陥りやすい青年にとっては、少し麻薬的な作用を持っていたかも知れなかった。

2　都市を考える

暗黒街

逢阪まさよし＋ＤＥＥＰ案内編集部

『「東京ＤＥＥＰ案内」が選ぶ首都圏住みたくない街』

駒草出版　２０１７年

古き街への愛憎

よくもこれだけたくさんの街を歩いたものだ。都心をはじめ、二十三区内の街も多数扱われているが、三多摩、千葉、埼玉、神奈川の、普通は決して行かない無数の街、場末、ドヤ街が網羅されている。

私も相当いろいろな街を歩いたが、とても敵わない。私はドヤ街にはあまり行っていないし、それ以外でも全然知らなかったこと、知らなかった街がたくさんあることに気づかされた（世田谷の高級住宅地・深沢に古い商店街があるとは！）。

二十三区内の場末、ドヤ街、旧赤線、青線を訪ねた本は数多い。代表例は一九八六年に出た西井一夫の『昭和二十年東京地図』（筑摩書房）。また、旧赤線に限って全国を歩いた木村聡の

『色街百景』（彩流社）などもある。だが、ここまで首都圏を広域に、細かく、名もない街を訪ね、フィールドワークした本は珍しいだろう。

本書は一種の郊外研究でもある。長らく郊外を研究してきた私が言うのだから間違いない。だが、私をはじめとする郊外研究者は、郊外を中流階級が住む新興住宅地を中心に調べてきた。しかしそれだけが郊外ではないのだ。

フランスでは郊外は中流階級のサラリーマンが住む場所ではなく、移民を多く含む労働者階級の住む場所だ。近年、移民の二世が暴動を起こし、さらにはＩＳに共鳴してテロリストになってしまうことが問題視されている。それくらい郊外には不満が鬱積している（詳しくは森千香子『排除と抵抗の郊外』参照、本書203頁）。

日本の郊外はイギリスやアメリカと近く、中流階級が住むのだが、よく見ると、それだけではない。フランス型の、外国人を含む労働者階級が住む郊外も、大正時代以来、半ば自然発生的につくられてきた。

ただし、それは必ずしも住宅地というものではなく、川沿い、湾岸等の工場地帯のバラックだったり、簡易宿泊所、アパート、団地だったりした。それらの住まいが密集する地域が、本書の言う「住みたくない街」なのだ。

だが、タイトルの「住みたくない街」は、単行本化に当たっての引っ掛けだろう。鉄道沿線別のコメントや、それぞれの街へのコメントも、活動の網羅性をアピールするために書かれただけのように思われる。二子玉川や自由が丘を揶揄《やゆ》するのも、著者でなくてもできることだ。

それより何より本書の魅力は、やはり場末、ドヤ街などを扱った章だ。執拗に朝鮮人などの外国人や労働者階級が多く住んだ街を取り上げているので、彼らへの差別意識があるのかと疑われるところがないではなく、そこが嫌だという読者もいる。著者が本当はどう思っているのか私は知らないが、自身が大阪の湾岸の工場地帯育ちだそうだから、自然とそういうところに目が行くのだろう。

著者は書いている。

「振り返れば、二〇一一年の東日本大震災をはじめとする度重なる地震災害、二〇一五年の川崎日進町のドヤ火災などさまざまな出来事を乗り越えて、日本の建築物はどんどん防災基準を上げてて、丈夫で地震に強いながらも、一方で全てが計算され尽くした没個性的で面白みに欠けるものばかりに代わっている」「粗末な家屋」であることを意味する「バラック」に対して、

「ある世代以上であれば本能的に抱く昭和のノスタルジー」がある。「二度と換えが利かない懐かしい風景」「旧時代の儚《はかな》い徒花《あだばな》とも言える」バラックのある街に対して、著者は「特殊な感情を覚えてしまう」。

「バラック建築の唯一無二性を感じながら、人が暮らす理想の住居とは、建物の様式美とは何なのか根本から考えるきっかけにしたい。荒廃した廃屋同然のあばら家なんぞ放火や地震による倒壊のリスクもあるし、あんまり家の近くに在ってほしくないというのが多くの人間の本音だろうが、もしかすると今しか見られないかもしれないこうしたバラック建築の数々に、今一度思いを馳せてみたい」

ここに著者の「住みたくない街」への愛憎、そして再開発で新しくできる街への不満がよく現れている。

話が少し変わるが、現在、日本の犯罪件数は二〇〇二年のピーク時の三分の一に減っている。テレビなどを見ると、常に恐ろしい犯罪が報道されているので、まったくそんな実感はないが、監視カメラの普及などのおかげだと思うが実際は犯罪は減っているのだ。

だが、家族同士の殺し合いなどの現場として報道される容疑者の住む家をテレビで見ると、私はいつも不思議に思う。家がきれいなのだ。新興住宅地風の、新しくて、白くて、清潔な家だ。こんな家に住んで、どうして家族が殺し合うのか、こんな犯罪を犯す人々が住む家は、それこそ下町のバラックなら納得する、という差別的な固定観念が私の中にあるからだ。実際、私の子ども時代は、殺人、強盗というと下町が多かった（少なくともテレビ報道の記憶では）。その常識が崩れたのが、一九八〇年、東急田園都市線の一家で起こった、金属バット両親殺害事件だ。殺された父親は、旧財閥系の超優良企業に勤める東大卒のエリートサラリーマンだった。

象徴的に言えば、それ以来、陰惨な事件の現場が次第に下町から郊外の新興住宅地に移行していったような気がする。そして今はほとんどが新興住宅地のきれいな家が現場だ（これもテレビ報道を見る限りだが）。

今、下町のバラックが舞台の事件があるとしたら、独居老人の孤独死くらいであろう。それだって古くなった郊外住宅地の団地やマンションでもかなり多いのではないだろうか。

我々人間の身体は、一部のファッションモデルやアスリートたちなどを除けば、みな不格好である。まして我々の心の中は、美しくもなく、正しくもない。むしろ、ゆがんでいて、どろどろしている。怒り、恨み、哀しみ、寂しさ、切なさ、不安、絶望などの負の感情が鬱積している。

そういう人間にとって、「全てが計算され尽くした没個性的」な建築物は、本質的に合わないと私は思う。だが、「全てが計算され尽くした没個性的」な建築物の中で我々は「全てが計算され尽くした没個性的」な仕事をして働かなければならないし、「全てが計算され尽くした没個性的」な郊外ニュータウンの建て売り住宅やマンションを「全てが計算され尽くした没個性的」なローンを組んで買って住まなければならない。

そこに不満がたまる。それこそが、我々が知らぬ間に、古い下町や、バラック街や、ドヤ街や、闇市や、赤線地帯へと誘惑されてしまう心理の根底にあるものだ。そうした街に行かなければ、我々は我々の心に相応しい場所に出合えない。精神の均衡を保てないのだ。

とはいえ我々は、著者のように頻繁に街に出ることはできない。だから本書を読むことで街を訪ねた疑似体験をし、一種の心の洗浄をして、またつまらぬ日常に向かうのだろう。

街

アンソニー・フリント
『ジェイコブズ対モーゼス』
鹿島出版会　２０１１年

岡崎　武志
『女子の古本屋』
筑摩書房　２００８年（ちくま文庫　２０１１年）

ごちゃごちゃ、ちまちまが愛しい

時代は女子である。女性ではない。というのは私の定義だが、女性らしい女性が時代の担い手なのではない。従来の女性の枠を越えた女性、ある意味では男性化した女性、あるいは中性的な女性、でも一定の女性らしさも持ち続けている女性、それが現代の女子である。

風俗流行的には、登山好きな山ガール、釣りが趣味の釣りガール、鉄道好きの鉄子、建築を学ぶ建築女子、数学を学ぶ数学女子などなど、近年いろいろな新しい女子が登場している。

そういう女子のひとつの原点がジェイン・ジェイコブズではないかと、やや唐突だが私は思った。ジェイコブズの都市論は一種の「素人の乱」だった。男性的な、マッチョな都市計画、それは巨大なビルを、まさに男根的なビルを次々と建て、何車線もある道路をどんどんつくり、ちまちました建築、ごちゃごちゃした街をブルドーザーでつぶしていく。

でも、そのちまちま、ごちゃごちゃが、面白くない？　楽しくない？　というのがジェイコブズの主張だった。それはまさに女子的な主張、素人の皮膚感覚、日常感覚だったと言える。それはいい意味での女性らしさだと私は思う。上から目線ではなく、日常生活の感覚を重視する。巨大で非人間的で、経済のためだけに行われる都市開発よりも、子どもを育てる場所という視点で都市を見る。それはとても重要なことだ。

『ジェイコブズ対モーゼス』は、ジェイコブズが素人の皮膚感覚を武器に、ニューヨーク市都市計画の巨人、「マスター・ビルダー」と呼ばれたロバート・モーゼスと戦った様を描いている。原題は「Wrestling with Moses」、つまりモーゼスとの格闘、取っ組み合い、あるいはプロレスとでも訳すと本書の内容を実感できる。

ロバート・モーゼスはまさにその名の通り、出エジプトの預言者モーゼのように、都市に対して新しい戒律を作り、魔法のような力でニューヨークをつぎつぎと変えていった人物だ。一九八八年、ドイツ系ユダヤ人の裕福な家庭に生まれ、子どもの頃から、コックが料理し、召使いが給仕する夕食をシャンデリアの下で食べて育った。イエール大学に入学し、オクスフォード大学に留学し、帰国してコロンビア大学で政治学博士号を二十五歳で取得。一九二二年にニューヨーク州知事に再選したアルフレッド・E・スミスの片腕となった。以後、知事が替わり、市長が替わろうとも、モーゼスだけは権力の中枢にいて、十三の橋、日本のトンネル、六三七マイルの高速道路、六五八箇所の運動場、遊び場、十箇所の巨大な公営プール、十七の州立公園をつくり、数十の市立公園を新設もしくは改修した。更地にした都市の総面積は市内で一二〇ヘクタール。二万八四〇〇戸の高層住宅を建設。リンカーンセンター、国連ビル、シェースタジアムなどもモーゼスの手になる。一九三九〜四〇年のニューヨーク万博も六四〜六五年のニューヨーク万博も彼が仕切った。

一方のジェイコブズは一九三四年、故郷ペンシルバニアの田舎町からニューヨークに出てきて、ブルックリンの小さなアパートに姉と同居していた。ある日、職を探して面接を終えると、ニューヨークの探索に出かけた。グリニッジ・ヴィレッジのど真ん中で、彼女はそこが自分の住む街だと直感し、事実それからずっとそこに住んだ。グリニッジ・ヴィレッジでは、道がい

vineria con cucina
RESTAURANT
WINE BAR
CIAO
VINERIA con CUCINA
CIA
VINERIA co

グリニッジ・ヴィレッジ

ろいろな方向に向けて面白い角度で延びていた。ゴミが散らかった歩道に店の日よけが影を落としていた。食料品店のまわりでは子供たちが走り回っていた。建物は二、三階建ての簡素なものが多かった。そこらじゅうに人が溢れていた。おしゃべりをしている人、酒場に向かう労働者、普段着の女性たち、公園のベンチで座っている老人、玄関のポーチに腰を下ろして街を眺めている母親たち。「ここでは誰もが、見栄も、てらいもない、偽りなき人生を生きている」とジェイコブズは思った。

飾らない都市生活の日常を愛したジェイコブズが一躍時の人となるのは、モーゼスが進めようとしたワシントンスクエア・サウスイースト都市再生プロジェクトに対する反対運動である。モーゼスは、ハーレムからワシントンスクエアまで南北に一直線で延びている五番街を、ワシントンスクエアの公園をつぶしてさらに延伸し、かつマンハッタンを東西に横断する十車線の高速道路、ローワーマンハッタン・エクスプレスウェイを建設しようとしたのだ。しかし公園のまわりには、当時、歩いて回れる距離の範囲に、百貨店、オペラ劇場、映画館、新聞社、美術館、大邸宅、タウンハウスなどがあったのである。そして何と言っても公園の中は人々の安息の場所だったのだ。

ジェイコブズ対モーゼスの格闘の詳細は本書を読んで頂くとして、こうした、ちまちま、ごちゃごちゃした日常の些事を愛する女子の論理が、今、まちづくりにも店づくりにも、社会デザインにも必要とされていると私は考えている。そんなことを確信させた本が『女子の古本屋』である。

女子の古本屋とは、あえてひとことで言えば、これまで男性社会だった古本屋で「女子ども」の本としてまったく軽視されていた本を、「かわいい」という基準ですくい上げた古本屋だと言えよう。たとえば、古い主婦雑誌、編み物や料理などの実用書、絵本、児童書などが「女子ども」の本である。しかしそれらの本は、男性向けの難しげな本にはない、しゃれた装丁がされていたり、きれいな色合いで印刷されていたりする。女子たちは、そこに目を付け、好きな本を並べたのである。それが売れた。そして広がった。

私の生息地帯である中央線には、女子の古本屋が多い。私はそれらの店をいつも愛用している。ちまちま、ごちゃごちゃした生活が、私も好きだからである。

ところが都心に出ると、ちまちま、ごちゃごちゃした店や街はどんどん再開発されてしまい、カードがないと入れない超高層ビルが建ち並んでいる。ジェイコブズなら嘆くに違いない。

中島 直人 他著
『都市計画家 石川栄耀』
鹿島出版会 ２００９年
『評伝 石川栄耀』
高崎 哲郎
鹿島出版会 ２０１０年

夜

礼服よりも浴衣の都市を

一九二三年、三十歳で洋行した石川栄耀《ひであき》は、レッチワース、ハムステッドガーデンサバーブなどの田園都市を設計したレイモンド・アンウィンを訪ね、みずからの名古屋の都市計画図を見せた。それを見たアンウィンは言った。

「あなた方の計画は人生を欠いている。」「この計画は産業を主体に置いている。いや、主体どころではない、産業そのものだ。」（漢字表記、句読点は読みやすいように若干改めた。以下同）。

そういわれた石川は尊敬するアンウィンから「柔らかい意見」が聞けたことをよろこんだ。そして二年後、ある都市計画雑誌に連載を始めた。そこには「夜の都市計画」「都市の味」といった新しい概念、とってもセンシュアスな要素が提示されていた。

「我々はいつの頃からか知らないが、日曜祭日、夜という語を完全に余暇という語の同意語にしてしまっている。」だが「本当の人生計画からいえば産業時間であるところの月火水木金土のしかも昼間が余暇で」あり「それ以外の時間こそ正味である。都市計画はすべからくこの人生の本態である正味の計画から初めその余地で産業計画をせよ」と石川は書いた。実は、人生の空いた時間に産業労働をして働くのであり、正味は夜にあるというのだ。

「夜」は「昼間とても得られぬ親しい人間味のある安静の時だ。トゲトゲしい昼の持つ、一切の仲たがいと競争と、過度の忙しさと、人間紡績機の乾燥さに静かに幕をおろし、本来の人なつこい心に帰る時である」。「近代文明は土地と土地の距離を短くしたが、その代わりに人の心と心を遠くした、とある社会学者が言った。」「この、人と人との間に失われつつある、愛の回復のために夜の親和計画」を考えよう、と石川は言うのである。そして「昼の都市計画、ことに経済計画においては建築物の美的価値等はほとんど問題にならない」が「夜の都市計画では」「美とか魅力とかいうものが」「堂々と問題の正座に君臨する」のだと言う。

都市の本質は産業ではない。日本の都市計画に足りない都市の「人生」とは、「人間が遊楽施設につつまれ、その気分の中にあって集団的気分に酔うこと」であり、「実用価値を離れ、生を楽しむ気分」であり、「賑やかさ」こそが都市の本質的価値であり、都市の「人生」の要諦であると石川は認識するに至った。

こうして石川は、商店街や盛り場の重要性に気づく。「世間のお偉方の都市美」の物差しは「大礼服」のように形式張っており、「浴衣や開襟シャツの軽快さが邪道視されやすい」。それは世の中の味わいをなくすと石川は考えた。

しかし当時の近代都市計画は盛り場を通俗的なものとみなし、石川以外に盛り場を重視する者は少なかったという（以上は、中島直人他著『都市計画家 石川栄燿』を参照）。

いや、今もまだある程度そうであろう。建築においても、官庁、ホールなどの公共建築が一流とされ、商業建築は二流とされた（拙著『商業空間は何の夢を見たか？』（平凡社）参照）。だが、きわめて魅惑的なキャバレーや百貨店やホテルを設計した村野藤吾《とうご》のような建築家がいなければ、われわれの都市生活はどれほど貧しかったであろうか（ちなみに石川と村野はほぼ同年齢であり、上述した石川の論考が連載されたのも、村野の初期の作品、心斎橋そごう、キャバレー赤玉、大阪パンションなども同じ昭和初期である。その意味で、せっかく育ってきた、肩の力の抜けた都市計画と建築は軍国主義によって大きく中断されたと言える)。

盛り場のある都心などよりも、健全な家庭生活偏重でつくられてきた郊外こそが、今後「夜の都市計画」の重要性を認識すべきではないか。だから今後の郊外のまちづくりも、くそまじめな計画家よりも石川や村野のような娯楽好きのほうが望ましい。

官能

島原 万丈『本当に住んで幸せな街』

光文社新書 2016年

生活のにおいや音から考える

「住みたい街ランキング」というものがある。いちばん有名なのはリクルートの住宅情報事業部が毎年出すランキングで、かなり話題になる。

だが、本当に住みたいと思われている街、住んでいる人が満足している街が、必ずしも上位に来ないことも多いように思われる。武蔵小杉のような人工的な街が、主として交通利便性だけで住みたい街の上位に来ることもあるが、利便性だけが街の魅力ではないはずだ。

武蔵小杉の人気が上がって、人口自然増によって川崎市の人口増加を牽引し、財政にも良い影響を与えている。こういう実績があると、他の自治体の首長としても、タワーマンションを建てれば、若くて担税力のある人が集まるから、自分の街にもタワーマンションを建てようということになる。

だが、街の魅力は、近代的なマンションが建っているということだけではなく、外を歩いていてなんとなく気持ちがいいとか、自然もあるとか、空気感がいいとか、感覚的な部分もある。そこを大胆にも数値化したのが官能都市調査なのだ。市場調査の分野に賞があるなら、私はぜひ直木賞のような賞をこの「官能都市調査」に差し上げたい。

島原氏は、一九八九年リクルート入社、リクルートリサーチに出向し、市場調査の経験を積んだ。二〇〇五年よりリクルート住宅総研に異動し、住宅問題に目覚める。二〇一三年より株式会社ライフルのライフル総研所長となり、この調査を企画・分析した。調査の内容を一般向けに書き直したのが本書だ。

「官能」というと、「官能小説」のようなエロティックなイメージで誤解されることもあるのだが、本来は、五感に訴えるとか、感覚的な、といった意味の言葉だと島原氏は言う。

既存の住みたい街調査がどのような指標に基づいて算出されているのかというと、インフラの充実度が多くのウエートを占めていることが多い。たとえば、東洋経済の「住みよさランキング」なら、人口当たりの病院の数が多いほど安心だ、人口当たりの小売店の面積が広ければ利便度が高い、ということになる。だが、実際に自分が「この街、いいな」と実感して、住んだり遊んだりしている街が、こうしたランキングでなかなか上位に来ない。だったら、雑多な横丁を都市の魅力として議論の俎上に載せる理屈をつくるために、何かしら数字に表す必要があるだろうというのが島原氏がこの調査をした理由である。

建築家ヤン・ゲールの『人間の街』（鹿島出版会）という本の中では、都市の評価をする上で人のアクティビティを重視していた。そこで島原氏は、都市の魅力を「動詞」で測ってみたらいいのではないかと考えた。そこで、人と人との関係が心地いいか（関係性の四指標）、体が喜ぶか（身体性の四指標）という二つの指標と、そこから分化した計三十二の指標を据えた。

調査の結果、一位は東京・文京区。というのは一見意外だが、考えてみると湯島天神があるし、こぢんまりとしたおすし屋さんや粋なバーもあって、ちょっと歩けば台東区に入って、不忍池もあれば、動物園や美術館もある。食事の買い物は御徒町に行けば何でも揃う。

文京区の場合、特に「歩ける」という指標で一位だったという。文京区は東京二十三区の中でいちばん坂が多い街。そういう街が、「歩ける」街と評価されているというのは、近代的な都市計画が想定する「快適な歩行者空間」に対して、ものすごく重要なアンチテーゼを示しているように思う、と島原氏は言う。

住みたい街ランキングでいつも名前が挙がる吉祥寺も、歩いて楽しい街だ。池があって、自然もあって、ハモニカ横丁はじめとした闇市から発展した飲み屋街もあって、買い物にも事欠かない。

さらに文京区でもう一つ評価が高かったのが「共同体に帰属している」という指標。神社やお寺にお参りをしたとか、近所の飲み屋で、店主や常連客と盛り上がったとか、それから買い物に行って雑談したとか、そんな指標である。

文京区は、お寺が非常に多いし、祠《ほこら》が坂の上に置いてあったりもする。お寺にしても、日常的に通行路として使いながら、ふと手を合わせたりしている。京都の観光地のように入場料を払って入る、というものではなくて、生活に密着した存在として、文京区のお寺、神社が使われている。

買い物をするにしても、商店街で「おばさん、コロッケちょうだい」なんて言えてしまうし、飲み屋も、店主や客との距離が近い、カウンターだけの小さなお店が多い。こうした点が、この調査でいうところの共同体があるということだろうと島原氏は分析する。

つまり、自分は本郷の人間だ、湯島の人間だといったふうに、〝ここに住んでいる〟という意識が芽生える。つまり、自分の中のアイデンティティの一つに、自分が住んでる街があるというのである。

島原氏は昔、賃貸住宅の選び方に関する調査をしたことがあるが、ほとんどの日本人はそこに住んでいることが自分のアイデンティティになっていないのだそうだ。住む街を選ぶ基準は、職場や学校に通ううえでの利便性と家賃。加えて築年数。だが、もうそれだけではいけないのではないか、それ以外の価値基準で街を選ぶ人が増えるのではないか、増えるべきではないかというのが島原氏の考えである。

実は私は、島原氏がこの調査を始めるに当たって島原氏に相談と協力の打診を受け、ふたつ返事で、それはすごい！　ぜひやるべきだと答えた。そしてこうして結果を見て、本当に島原氏への嫉妬で狂っている。なぜ自分がこういう調査をやらなかったんだろうと悔やむからだ。

私も、従来の都市ランキングには違和感があった。たとえば、吉祥寺の隣に西荻窪という街があって、ここに住んでいる人たちは本当に西荻窪が大好き。たまに来る人も、「この街いいな。どうしてこんなにいいんだ」と言う。でも、その理由はよくわからない。特にしゃれた建物もないし、スタバも無印もユニクロもドンキホーテもない。大型店は西友だけ。駅前は結構汚くてセンスのないパチンコ屋が建っている。

つまり、わかりやすい大きなハードウエアを指標として街を評価すると、全然よくない。なのにみんながいいと言う。だとしたら、西荻窪がちゃんとベストテンにランキングされるような指標があるはずだと思っていた。

だから、私も独自に「住みたい街調査」をしてみたのだ。私の場合は、性別や学歴、年収といった属性で人気を分析した。それをまとめたのが『あなたにいちばん似合う街』（PHP研究所）で、さらに詳しい分析を『東京郊外の生存競争が始まった！』（光文社新書）に書いた。

分析してみると、西荻窪の場合、三十代一人暮らし女性が住みたい街ランキングでは一位。しかも、西荻窪に住みたい女性のうち、64％が四年制大学卒業で、一位。他にも教育関係の仕事をしている人でも一位だった。

これは街のマーケティングである。自動車やチョコレートの開発担当者なら毎日やっていることである。だがそれを今まで街でやってなかった。街のマーケティングといえば、たとえばどこかにショッピングセンターを出店するときのマーケティングであったり、人がいっぱい歩いているところをＧＩＳ（地理情報システム）で調べて、チェーン飲食店を出すというような、

西荻やきとり戎

出店戦略のためのものしかなくて、いろんな街が、どんなポジショニングをされているかという調査は実はなかった。

たとえば自動車でも、安くて壊れない良い車だけど、どうも官能的ではない車というのがある。トヨタの車がだいたいそうだ。これは、スペック、環境対応、交通事故への対応など、車を作る上での条件が多すぎて、それをすべて満たそうとすると、どうしても平均的で均質な車になり、官能的なデザインにまで手が回らない。むしろ官能的なものは一種の危険をはらんでいる。色っぽい人間がちょっと危険な雰囲気を持つように。背が高くて年収が高くて学歴が高い男性が必ずしも官能的ではないように、諸条件を満たすことで人間として、車としての感覚的な魅力をむしろそいでいる面がある。

最近はビルも、耐震性、耐火性といった性能重視でつくられるから、便利で快適だが、官能的ではない。だから一九六〇年代、七〇年代の古いビルを好む人が今増えている。街も、再開発でできた街より、古くて雑多な横丁のほうが官能的で人が集まるというパラドックスを生んでしまう。

建築家のル・コルビュジエは、まっすぐな道が人間の道、曲がった道はロバの道と言った。

彼は、感覚的には、ロバの道のほうが官能的ということを書いているんだけど、近代建築のスローガンとして、まっすぐな広い道をアピールした。それをいちばん真に受けたのがアメリカと日本だ。

しかも武蔵小杉や豊洲のような街の場合、二十年、三十年経ったときにどうなっていくのか不安だと島原氏は言う。住民が短期間に流入してきているので、住民の属性、すなわち所得階層や職業、価値観などの同質性が高い。これが将来一斉に高齢化していけば、今の郊外のニュータウンの高齢化と同じ事が起こる。ニュータウンが縦に積み上がったものがタワーマンションだから、というのである。住民が一気に高齢化したら、タワーマンションごと高齢者向けの施設に変わるのかもしれない。

「官能都市ランキング」を出したあと、タワーマンション街をバンバンつくっているような大手のデベロッパーとか設計事務所の方が高い評価をしてくれたという。

彼らは、学生時代に建築を学び、都市計画を学び、自分なりの都市の面白さ、建物の面白さをよくわかってはいると思うんですけれども、いざ仕事をしようとすると、同じような建物しか建てられない、そこに疑問を感じているのだろうと島原氏は言う。

今の若者はもう、ファッションや腕時計、車で自分を表現しない。でも、住む街で表現をし始めている気がする。自分の価値観で、住む街、住む家を選ぶ。あるいはつくり出す。それは東京に限らず、地方に移住した人でもそうである。そういう人がリスペクトされる時代が始まっている。

自由

『路地研究』

上田篤・田端修 編

鹿島出版会　2013年

脱サラリーマン化せよ！

なぜ東京あるいは日本から路地がなくなったのか。「区画整理がおこなわれたとかの話はあ」るが、もう一つ重要なのは、社会の「サラリーマン化」が進行したからだと上田は言う。

昔の「三交代制の労働者は、午後出勤したり、朝帰ってきたりして生活時間がいろいろだった」から「朝から飲み屋にひたったり、夜中に風呂屋にいったりとか、いろいろあった」が、サラリーマン化が進むと、みんな同じような時間で生活する。そうなると人々はサラリーマン社会の人間としか付き合わない。すると「地域性がなくなっちゃう。商人とか、職人とか、農民とか、労働者とか、自由業とかの人たちだったら地域にいろいろな変化」を起こせるのだが、サラリーマン社会だとそうならない。

「サラリーマン化をうながしたものが中央集権制」。中央集権制づくりのために「ドイツから区画整理の手法などをもってき」て、「われわれの先輩の都市計画学者たちはそれにこき使われた」。かつ「資本主義が発達して町人もサラリーマンになってしまい、日本社会がおかしくなった」。サラリーマンは「地域社会というものに関心がない」。どこの会社の人間かが大事で「どこの路地の人間か」には無関心になったと上田は言う。

路地に住む町人は「自立人間」であり、「連帯し、防衛する。火の用心などもやる」。路地はひとつの広場であり、「そういうところから生まれた共同体」が「日本ではすごく発達した」。しかしこれを明治以降破壊してきたことで「根本的に日本の国がおかしくなってしまった」と上田は言うのだ。「あるのはマンションや団地の通路ばかりで」「サラリーマンという組織人間、非自立人間ばかり住んでいる」。

ところが「いま若者に仕事がない」、「そういう変な形の『脱サラリーマン化』が進行している」。「その結果、皮肉なことに地域に活気がもどってきている」。いわば町人がまた増えている。非正規雇用者も正社員など目指さずに自分の好きな仕事を見つけて社長になり「路地空間で社長どうしが仕事の情報交換などをして、お互い元気に生きていけるのではない」かと上田は期待する。

たしかに、衰退する中心市街地をリノベーションを通じて再生しようとしているリノベーションスクールの活動は、「家守」という江戸時代の大家、地域管理の仕組みを現代に再現しようというもので、建物をリノベーションするだけでなく、地域をリノベーションし、かつ地域に仕事をつくり出そうとしている。その意味でその活動は非常に町人的である。実際、活動の中心人物たちは、商店街出身者が多いように見受けられる。彼らの活動が、横丁、路地の復権にもつながることは言うまでもない。

そして、古い横丁、路地を生かしながらリノベーションをして、新しい店、住宅、街をつくろうという人たちは、横丁の居酒屋で楽しく飲み、語らう町人タイプの人たちだ。こうした「ネオ町人」たちが、日本の街をもっと生き生きと面白くするだろう。

自転車

チェスター・リーブス
『世界が賞賛した日本の町の秘密』
洋泉社新書　2011年

初田 香成
『都市の戦後』
東京大学出版会　2011年

ママチャリから見たまちづくり

『世界が賞賛した日本の町の秘密』、これは傑作である。笑える。まるで幕末や明治期に来日した外国人の日本日記のように、アメリカ人である著者の驚きに満ちている。

本書は日本中の街のどこにでもあるママチャリに注目した本。カルチュラル・ランドスケープ史家、チェスター・リーブスの著書だ。彼は環境によい、持続可能な都市についてずっと考えてきた人だ。主著"*Main Street to Miracle Mile*"ではアメリカの商店街を研究した。車を使わず、歩いて回れる範囲に生活に必要な物が買える店があることの重要性を説いてきた。だから、彼はアメリカでも自転車によく乗るらしく、東京大学や東京芸術大学で教えるために来日したときも、自分の自転車を持ってきた。

ところが、彼の自転車は十八段変速のスポーツ自転車だった。そんな自転車は日本の街で生活をするにはそぐわない。むしろ、主婦や中高生がみんな乗っているママチャリこそが日本の街に最適であることに彼はすぐに気づく。

ママチャリみたいなものって海外にないの?と、ママチャリを当たり前だと思っているわれわれは、とても訝《いぶか》しく思うだろう。しかし、たしかに外国映画にママチャリのようなものが出てくることはない。パリやニューヨークで見かけたこともない。

ハンドルの前にかごが付いていたり、後輪の上に荷台があったり、しばしば荷台の上にもかごがあったり、子どもを前にも後ろにも乗せるイスが付いていたり、寒い日にはハンドルレバーにグローブのような風よけを着けたり、雨の日には傘を固定することができたり、そんな自転車は世界中どこにもないのだ。驚きながらリーブスは、日本中の街でママチャリを撮影する。こんなものが撮影の対象になるとは、日本人は誰も気づかなかった。

その異邦人は、浮世絵を発見したゴッホらの西洋人のように目を丸くしてママチャリを見つめている。実際、リーブスの撮影した、雨の日に傘を固定して自転車に乗る女性の姿は、広重の描いた雨の永代橋の絵のように見えてくるから不思議だ。

そして何より、このママチャリに乗って、われわれは買い物に行ったり、市役所や郵便局に用事を済ませに行ったり、通勤通学したりしている。ママチャリで行ける範囲に、商店や市役所や郵便局や学校や駅などがあるからこそ、われわれはママチャリを愛用するのだ。そしてママチャリで生活できる範囲を、リーブスは「自転車町内」と名付ける。

自転車町内の中で生活できるからこそ、無駄にガソリンを使わずに日本人は暮らしている。自転車のかごに乗せられる程度の買い物しかせず、したがって冷蔵庫も家もコンパクトで済む。アメリカなら、車のトランクに詰め込めるだけの大量の物をショッピングセンターで買ってしまう。トランク一杯に詰め込まれた物を入れるには巨大な冷蔵庫が必要であり、巨大なキッチンが必要である。しかしそれは無駄を生み出しているとリーブスは言う。ママチャリの国だからこそ日本は環境に優しい、持続可能な生活ができるのだ。

私は、都市や建築の専門家が、このように日常生活に根ざして書いた本が好きだ。

もう一冊は博士論文をベースにした大著、初田香成『都市の戦後』だが、分厚い外観とは異なり、その中身は戦後の闇市などの生活感溢れるまちの研究である。冒頭は吉祥寺について。老舗焼鳥屋と世界的カフェチェーンが並ぶ吉祥寺の裏通りの写真を載せて、闇市的なものとグローバリゼーション的な文化が重なり合うまちの魅力について語り出す。ちなみに筆者は、現在の吉祥寺はグローバリゼーションが勝ちすぎて、従来の魅力を失う危機に瀕していると思っているが、まあ、それはまた別の機会に論ずるとして、一般的に吉祥寺、下北沢、高円寺などのまちは、戦前からの歴史と最新の流行とが重層的に存在し、古いものも新しいものも同時に対等にまちに露出するところに面白さがあると言われている。

また、吉祥寺などのように若者に人気のまちではないが、新橋、人形町、赤羽などのまちは、戦前、戦後の要素を色濃く残すことで、中高年の人気を保持している。

それらのまちの魅力は、自然発生的なものであり、計画されてできるものではないと思われがちである。しかし本書では、そうした魅力ですら、「こうした都市計画や都市計画を望んだ人々がいるのもまた事実なのだ」と初田は書く。

具体的には、石川栄耀。初田もまた共著者の一人だった、とても面白い大著『都市計画家石川栄耀』で、石川の素晴らしい思想に都市計画の門外漢である私も触れることができたのだが、石川は「夜の都市計画」を企図し、商店街、露店なども含めた都市の魅力を計画しようと

高円寺商店街

した。そうした石川の思想が渋谷、池袋、銀座などの具体的な都市計画にどう落とし込まれているかが本書を読むとよくわかる。

石川は「商店街が単に商品を売り買いする以上の社会性を醸し出すことの重要性を訴えて」いたと初田は書く。それは私が「街育《まちいく》」と呼んだものとも通ずるのではないか。人はまちを歩き、ママチャリで走り、遊び、生活し、働くことで人として育ち、人と人との関係を豊かなものに育てていくのである。石川とリーブス氏の対談があれば、読みたいものだ。

生活

黒石いづみ『「建築外」の思考 今和次郎論』

ドメス出版 2000年

細部に現れる個人の創意工夫

考現学者として知られる今和次郎《こんわじろう》を研究した本である。今和次郎の研究は今までにも違う著者でいくつか出ているが、本書はその中でも出色の内容である。とても短評では紹介しきれない充実ぶりであり、今について知らなかったことが多数あるので、どこを紹介していいかわからないほどだが、私の限られた関心分野から見て驚いたところを少しだけ書くことにする。

まず何と言っても、今和次郎がマックス・ウェーバーの主著『プロテスタンティズムの倫理と資本主義の精神』を早稲田大学の建築学科の学生のために講義していたという事実だ。

当然この授業は建築学科としては異色の授業で、学生たちが理解するのに苦労したらしい。そもそも一体今がどういう意図でこの講義をしたのか、黒石氏も推察の域を出ないというが、

「今が農家研究以来探求してきた歴史的・社会的視点に立つ建築観、特に考現学等で展開した解釈学的現象学や、比較文化研究においては、ウェーバーの地域的視点を重視した合理主義精神や解釈学の思想」が「有力な理論的支柱となりうるものだったはずである」と書く。と、こう書かれても、よくわからない。

「また、ウェーバーのいう個人の主体的な問題解決の姿勢が一種の合理性をもたらすという考え方は、考現学において今が見出した細部に現れる個人の創意工夫が人間の本質に関わるという視点を理論的に支える重要なテーゼだったと思われる」と黒石は推測する。

少しわかってきた。今は柳田國男に誘われて農村の民家と生活の研究をした。だがそうした研究が、「ただただ机上で考えた合理性を求める事」をやめ、「生活そのものに根を張っている、その根が、どこにあるのかをつきとめて」、場合に応じて「改善」方法を考えるべきだと今は主張した。「住居とは数字で測定でき、金があれば作れるという単純なものではなく、人々がその社会関係や生活活動の中で徐々に作り上げていくべきものだと考えたのだろう、だから今は建築家は経済の意味を絶対的で普遍的なものとしてではなく、異なる社会的要因、すなわち自然・産業・歴史・宗教、そしてそのほかの要因と有機的に関連するものとして再認識すべきだと主張したのだと黒石氏は言うのである。

私にとっての今和次郎は考現学という面白いことを始めたおじさん、みたいな印象が強く、ここまで深く物を考えていたことは、最近だんだんと知るようになったにすぎない。そしてこの黒石氏の作品が今の偉大さを私に決定づけた。

調べてみたが、この時代（一九二〇年代）にはまだ梶山力《つとむ》の翻訳は出ていないと思われる。早稲田の社会科学系の教授に、当時ウェーバーを訳していてもおかしくない人物をネットで見つけたが、おそらくは今自身がドイツ語の原文で読んだのではないか。社会学の始祖であるオーギュスト・コントやマルクスなども読んでいたようで、今の書庫にはドイツ社会科学の翻訳、日本人によるウェーバー研究の論文、ウェーバーの本すべてが納められていたという。

私も今のまねをして東京の各地を散歩し、写真を撮り、たまには地図を書いたりもするが、ウェーバー理論と散歩を結びつけるところまでは到底行かないし、思いついたこともない。これはもう、本当に月とすっぽんくらい差がある。一体どうしたらそれらが結びつくのであろう。これは今にとっても難題だったはずであるが。

いずれにしても、今和次郎もウェーバーも、もう一度じっくり読まねばと思わされた。同時に、都市、地域、風景、風土、住居、生活というものを考えることの難しさと楽しさを再認識させてくれるのが今であり本書である。

風土

オギュスタン・ベルク『風景という知』

世界思想社　2011年

消費され鑑賞されるだけでいいのか

東日本大震災が起きた時、私は所用があって京都にいた。喫茶店で休んでいると頭がくらっとする。おや、疲れているようだと思ったが、それが地震だった。だが地震とは知らず、観光をしてから帰ろうとバスに乗り、iPhoneでツイッターを読むと、東京で未曾有の揺れがあったと誰かが書いている。さっそくニュースサイトを見ると、東北地方で大地震だという。観光を取りやめ京都駅に行くと、テレビで恐ろしい津波が町を押し流す様子を放送している。信じられない光景である。9・11テロのワールドトレードセンターの崩壊同様、まるでハリウッド映画のCGを見ているような、ありえない光景。家族はどうしたかと電話をしてもメールを打ってもつながらない。新幹線は止まり、どうやって東京に帰るか、頭が真っ白になった。

私事はともかく、家、ビル、道路、船、港、そうした物をすべて押し流す自然の猛威を目撃すれば、多くの人は人間がつくり出した物の無力さを感じるだろう。その恐ろしい自然も、ふだんは美しく、大きな恵みを与えてくれたはずだ。その風景を人間はいつからどのような目で眺めてきたのか。関わってきたか。

また、今後、被災地の復興作業が行われていくなかで、一体どこにどのような家、建築が建てられていくべきか。元通りの町をつくって、被災者それぞれが元の場所に住むのか。元の地域に別の町をつくって、別の場所に住むのか。それとも、丘の上など別の地域に町をつくって住むのか。いずれにしろ、人々が長く住み、親しんできた風景、風土をどのように扱うかという視点が重要になるだろう。

余震が続く中で、そんなことを考えていると、まったく期せずして、日本の風景、風土を長きにわたって研究し、思索してきたフランスの文化地理学者オギュスタン・ベルク氏の『風景という知――近代のパラダイムを超えて』が私の手元に送られてきた。ベルク氏と私の関係は、二〇〇〇年に、拙著『「家族」と「幸福」の戦後史』をベルク氏がお読みになり、当時教鞭を執られていた宮城大学に私をゲスト講師として呼んでくださったのが最初である。

その後、パリの高等社会科学研究院に帰られたベルク氏は再び私をパリに呼んでくださり、私はそこで「ファスト風土化する日本」について講義した。そもそも「ファスト風土化」という言葉は、ベルク氏が宮城大学ですでに話された「国土の総郊外化」（本書では「世界の全域的都市化」となっている）という概念に触発されて思いついたものだ。

さらに翌年、国際日本文化研究センターに来られたベルク氏は、そこでの景観研究会のメンバーに私をお呼びくださり、本書の訳者・木岡伸夫氏らの研究を私は学ぶことができたのである。

さて本書は、ひとことでいえば、近代が風景を鑑賞の対象にしながら、他方で抹殺してきた歴史を批判するものである。「風景という知」とは、風景に関する知識のことではない。逆である。風景があたりまえの日常として、その日常生活、日常的実践（労働）の結果として存在しており、特に風景を論じようなどという人間がいなかった時代には、それにもかかわらず、むしろそれだからこそ風景についての「知」は存在した。

たとえていえば、おそらくこういうことである。かつて日本の農民は里山を作った。山に木を植え、木が育つと枝を切って薪にし、さらに育つと木材として活用した。だから山にはつねに若い木があり、美しい花を咲かせ、新鮮な樹液を出した。花や樹液は虫を集め、虫は鳥を集めた。そこに花鳥風月の美が生まれた。農民たちは風景をつくろうとか、まして論じようとか思わなかったはずなのに、そこには素晴らしい風景が生まれたのである。これが「風景という知」（あるいは「風景知」「風景の知」）だとベルク氏は言う。

ところが近代は、山を削り、木を倒し、海を埋め立てて文明を発達させた。そうして風景が希少な物になると、われわれは言い訳をするように風景を論じ始めた。だが今、「私たちは、風景についての知で溢れかえりながら、風景知があからさまに欠如している」。「私たちは、己の愛し讃美する風景を過去の時代から継承しながら、抹殺してきた」。「私たちの時代は風景の時代、風景学者の時代でありながら、同時に、ある画期的な書物が『風景の死』と呼んだ時代である」とベルク氏は言うのだ。

近代以前の社会では「日常的実践が美しい風景を生みだしている。その風景にかかわる人々は」風景を「心地よく感じ」たし、そこを訪れる人々もそれを「美しい」と感じた。

ところが近代社会では「日常の実践が醜さを生みだしているために」、つまり、おそらくたとえばロードサイドの巨大で露悪趣味の商業施設のように近代的な産業が醜悪な物、風景をつくり出しているからこそ、人々は「風景を保存することに気を配っているのだ」とベルク氏は批判する。

しかも近代は、伝統的な風景を可能にしたのが大衆の労働であることを忘れさせ、「風景を」

独り占めして「消費する」対象にした。しかもその「消費にかかる社会や環境のコストを考慮しない」。たとえば、それ自体が景観を壊している巨大な高層ビルから、よい景観を見下ろすことや、自然を愛すといいながら、大型の自動車で山道を走り回るという矛盾したことが当たり前に行われているのがその典型である。

ベルク氏の批判する悪しき近代は、近年東北地方にも深く波及していた。古い商店の多くは大量の電気を二四時間三六五日浪費する巨大なショッピングモールに取って代わられていたし、田園地帯の真ん中に三十階建ての高層マンションが建ったりもしている。それはある意味で津波以上に風景を破壊していたと私は思う。そうしたことも含めて、今回の悲惨な災害からどのような教訓を得、どのような町をつくるか、それを考えることが私たちの大きな課題であろう。

計画

細野助博・中庭光彦 編著
『オーラル・ヒストリー 多摩ニュータウン』
中央大学出版部　２０１０年

これは自殺行為だった

多摩ニュータウンはいわずと知れたわが国最大のニュータウンのひとつ。もうすぐ入居開始から満五十年を迎える。

私が多摩ニュータウンを初めて訪れたのは一九八〇年代の半ばだと思うが、ちょうど複合文化施設・パルテノン多摩が建設中だった。その人工的な空間づくりに、田舎育ちの私としては「ああ、ここには住めないいな」と思った。

本書はこの多摩ニュータウンの歴史を「オーラル・ヒストリー」という手法で解読している。オーラル・ヒストリーとは、ある事実の関係者に当時の話を詳しく聞くことで、文献に残らない歴史の細部を明らかにする手法。政治学の分野で御厨貴東大教授が長年行っている。

本書でオーラル・ヒストリーの対象になっているのは、東京大学名誉教授・伊藤滋、元東京都副知事・青山佾《やすし》、住宅公団で多摩ニュータウンを担当した筑波大学名誉教授・川手昭二、地元の地主だった横倉舜三、一九七〇年代の多摩市長・臼井千明ら。

特に横倉氏の発言が重い。「最初は、『土地というのは、国の土地だから、最終的に国が使うということだったら、それはしようがないだろう。職業をやめても、多くは国のため』。そういう考え方が、この地域にはあった」。しかし今「考え直してみると、『おれたちは、何のためにニュータウンに協力したのか』」「『これは自殺行為だった』というように思い始めている」「この開発によって三十万人もの人々が集まってきたら、農業をやめても何か仕事がいっぱい出てくるだろうという期待を持っていたわけです」。しかし「公団の考え方に左右されてしまった地元の人々はもう土地を持っていませんから、そういう産業に携わることができなくなってしまった」。

川手氏の発言。「一九四九年には、『ソビエトは理想の国に違いない』と思っていたんですからね」。「大学祭では、プレファブ住宅をみんなでつくって展示するなんてことをやりましたから。〈中略〉あれ、ほとんどソビエトだと思いますよ」。「(公団にいると)住宅建設五箇年計画とかね、〈中略〉ソビエト・ロシア的なんですよ」。

伊藤氏。「電車を引かないで、人だけ入れてバスだけ。あとは知らない、というのはね、これは文明国家のすることかと思いましたね。」「あの頃、国と東京都が、どれくらいサラリーマンを人として扱っていなかったかということですよね。」

本書の各発言から何を読みとるかは読者の自由だ、私としては、高度経済成長期におけるニュータウン建設とは、ある意味では非常に国家社会主義的なものだったことがあらためて実感され、非常に興味深かった。

性

中野 明
『裸はいつから恥ずかしくなったか』
新潮選書 2010年（ちくま文庫 2016年）

原 武史・重松 清
『団地の時代』
新潮選書 2010年

生活と住居の閉鎖化

銭湯に入ると、当たり前だが、他人様の身体が見える。大事なところも見える。実にさまざまな色、形、太さ、長さがあるものだなと感心する。私よりも若い世代になると、修学旅行の旅館で風呂に入るときに海水パンツをはいて入るといわれたほどだから、もっとあそこを隠す人が多いはずだが、そもそもそういう人は銭湯に来ないからか、今銭湯に来る人は随分と開放的である。床にしゃがみ込んでぼーっとする人、すっくと立ち上がって身体を拭く人、さまざまであり、中野明の『裸はいつから恥ずかしくなったか』の冒頭にある幕末の下田公衆浴場の絵そのものだ。

だが、下田公衆浴場と今の決定的な違いは、かつては男女混浴だったということである。その習慣を目の当たりにして、紅毛碧眼《こうもうへきがん》の人びとが卒倒するほど驚いたことはよく知られている。異人が来たぞと言うと、すわ、珍しやと、裸のまま風呂屋から通りに飛び出してくる男女も多かった。家の軒先でも、庭先でも、行水をするのが普通だった。街を歩けば裸が見える。そんな日本人は淫猥だ、羞恥心がないという声が異人からあがった。

「西洋人は男女が一緒に入浴するのは不道徳な行為と考えている」とイギリス公使館員ミットフォードがある日本の紳士に言うと、紳士は「西洋人というのは、何と好色な心の持ち主なのだろう」と肩をすくめたという。裸を見ただけで興奮するとは好色すぎると考えたのである。そこから著者は「当時の日本人にとって、裸体はダイレクトにセックスと結び付くものではなく、「日本人は裸体をあたかも『顔』の延長」だと考えていたのではないかと推測する。だったら、顔を見ても性欲を感じなかったのか、という疑問もわくが、著者は「裸体自体が日常品化される社会では、現代とは比較にならぬほど男女の差があいまいになる。そのため、性交を描く場合、「性器を誇大表現し」、「春画の多くが全裸で」はなく「着物を着せることで、男女の別をはっきり明示」したのだと言う。つまり、顔を見ただけでは性欲を感じなかったということだろう。

たしかに春画を見ると男女の顔や身体の差がわかりにくい。男性もつるりとした顔や身体をしているからだ。髷《まげ》を見ないと男女が区別できない。だからこそ、着物とその着こなし方、髪型、しぐさなどが色気を感じさせるものとして発達したのかも知れない。

このように当時の日本人は、裸に対する羞恥心が今のように強くなかったのだが、それが急速に強まるのは、むしろ異人が物珍しげに裸を見るそのまなざしのためであり、文明開化を目指す明治政府が混浴や公衆の面前での裸を禁止するようになったからであり、さらに、洋装化が進み、下着を着ける機会が増えることで、裸体や陰部を隠すようになったためであると中野は言う。このへんは井上章一らの主張と同じ。

公衆の面前で裸体をさらすことを拒否する心理は今も続いているが、そういう心理を戦後さらに強めたのが団地ではないかと思う。鉄の扉で閉ざされた私生活。家族の暮らしがコンクリートの中に隠されることで「性」と「裸体」も公衆の面前から隠される。胸や陰部を見られることが恥ずかしいから下着を着用したのではなく、下着を着用したから胸や陰部を見られることが恥ずかしくなったという中野や井上の主張が正しいならば、団地の暮らしは本来恥ずかしくなかったはずの性や裸体、そもそも生活全体を、恥ずかしいもの、隠すべきものとして意識させたと言える。

『団地の時代』は、その息苦しい――性的な意味においてだけではないが――排他的な団地で育った経験を『滝山コミューン』（講談社）で描いた政治学者・原武史と小説家・重松清の対談。そこで原も指摘している。「団地というのは〈中略〉完全に公的空間から隔離されるわけですから、若い夫婦にとってはどれだけ大きな魅力だったかわからない」。

とはいえ、団地生活が始まったとたんに生活が閉鎖的になったわけでもなかろう。以前、私は、たしかNHKの昔のドキュメンタリー番組で、高島平団地の暮らしぶりを見たが、夏、まだほとんどの家庭にエアコンがなかったために、各戸はドアを開け放ち、ワンピースのミニスカートを着た若い主婦たちが、子どもを抱きかかえながら、通路に出て談笑している場面を見たことがある。昭和五十年以前だと思う。そこには、開けたドアから家の中が見えることへの恐れはあまり感じられない。近代的な高層住宅ですら、当初は長屋的な開放的な暮らしぶりが少しは残っていたのである。それを本格的に閉鎖的な暮らしに変えていったのは、おそらくエアコンの普及であろう。

同書でも原が一九七二年の『高島平団地新聞』に、「女性の身体の部位の形でセックスを占う記事を、図解入りで堂々と掲載しています」と書いている。こんな記事を書くなんて、それだけ性に対して開放的だったということか、それとも単なる男女差別意識の現れか。だが、性を個室の中に隠すだけではない下町の長屋的な風土がまだ高層団地の中にもあったというのは興味深い。

高島平

共同性

『同潤会大塚女子アパートメントハウスが語る』

女性とすまい研究会 編

ドメス出版　2010年

お互いの関係を育てていく知恵

大塚女子アパートメントハウスを私は一度しか見たことがない。『大人のための東京散歩案内』（洋泉社）を書くために尋ねたのだから、二〇〇一年だろう。外観を撮影した後、「住民以外立入禁止」と書かれた看板を無視して内部を撮影しようと玄関を入ると、年配の女性が出てきて、「入っちゃダメ！　まったく最近の若いもんは字も読めないのか！」と一喝された。いかにも昔のインテリ風の白髪のおかっぱ頭の、おそらく七十代くらいの女性だった。ああ、なるほど、こういう女性が住んでいるのかと納得した。「社会進出を果たした日本女性が、家庭や因習から逃れ、自立を可能にしたすまい」が大塚女子アパートだった。竣工は一九三〇年（昭和五年）だから、当時このアパートに住むような女性は全女性の内のごくごくわずかな部分に過ぎなかったことは言うまでもない。

しかしこの大塚女子アパートには、今こそ参考にすべき新しさが満ちていたように思う。現在「シェアハウス」の需要が急速に増加している。先日あるシェアハウス運営企業にも取材したが、いまシェアハウスの需要が増えている大きな背景は働く女性の増加なのだ。ドアと壁で隔てられて、隣人の名前も顔も知らないアパートやワンルームマンションの暮らしは女性にとって不安である。防犯上も問題がある。ところがシェアハウスなら、玄関を入れば、おなじ家をシェアする仲間がいる。敷金、礼金がないから、正社員率が低く、男性より所得が低い女性にはありがたい。台所、食堂、リビングルームなどを共用するから、自然と住民同士のコミュニケーションが生まれやすい。これはおしゃべり好きな女性にとっては、仕事のストレス解消にもなる。

実は大塚女子アパートには現代のシェアハウス以上の機能が揃っていた。風呂、水洗トイレ、洗濯場、洗面所、台所、湯沸場、食堂に加え、応接室、ソファーや卓球台のある日光浴室、ピアノのある音楽室、中庭といったものが共用できたのである。

こうしたものを共有するとなると、「さまざまな人の関係をスムーズにするためのルールが必要であり、お互いの関係を育てていく知恵が必要であった」。「都市型の住宅では、わずらわしいとして見過ごされてきた人と人との関係や出会いについて、共用空間のもつさまざまな距離感が、いかに機能したか」と著者たちは書いている。共用空間があることによって、住民同士のコミュニケーションが、強制されるのではなく、微妙な距離感をもって可能になったというのである。それは非常に現代的なテーマであり、これからの日本人がもっと考えていくべきテーマである。シェアハウスを企画する人、住みたい人も本書を是非読んでほしい。

下町

佐多 稲子
『私の東京地図』
講談社文芸文庫 2011年 他
帝国書院編集部 編
『松本清張地図帖』
帝国書院 2013年（第2版）

街を歩くことへの執念

私は、二〇一一年十月に東京散歩の本を出した。スカイツリー完成をきっかけにして、東京の下町を歩いたのである。

下町と言っても、日本橋、神田、浅草、下谷ではなく、スカイツリーの足元から東へ、北へ歩き、東は小岩、柴又を経て市川の京成本八幡まで歩いて永井荷風の終焉の地を訪ね、北は西新井大師の周辺から北野武の育ったあたりまでを歩いた。

実際に歩いてみると、電車では乗り換えがあって遠いと感じる町同士が意外に近いことや、町から町へと歩くに連れて次第にグラデーションのように町の雰囲気が少しずつ変わること、そして何よりも、町と町の位置関係が次第に体に染みついていくのが実感できるのが興味深い。昔の人はだいたいが町を歩いて生きていたのであり、どこをどう歩けば、どこに着くという地図が頭の中にあっただろう。

私が下町を散歩したいと思うようになったのは数年前である。郊外の巨大ショッピングモールを取材に行った帰り、たまたま帰りの電車で浅草に降り立った私は、ちょっと浅草でラーメンでも食べようかと街を歩きながら、言いしれぬ安堵感に包まれた。すべてが消費のために計画された、外部に対して閉じたショッピングモールという人工空間の中を歩いていて、私の心は締め付けられ、窒息しそうになっていたのだ。それが浅草で解放された。ああ、これからは下町で飲もう、と思ったのである。

佐多稲子の『私の東京地図』を読むと、佐多の頭の中に東京の地図があることがわかる。冒頭からスカイツリーの建設地の近くが描かれ、今は古びているとさえいえる浅草の松屋を見て、向島の小梅に住んでいた佐多は「浅草のような庶民の街に、こんな高層建築が建つと、建物そ

浅草飲み屋街

のものが威圧を感じさせるし、しかもそれが民衆の消費を狙って、恥ずかしげもなく子ども騙しの娯楽場を作ったり、町相応の安物をびらびらさせたりしてあったので、場違いなものに強引に割り込まれた上で馬鹿にされているような、そんな気がしたものだ」と書いている。私が郊外の巨大ショッピングモールを見て感じたようなことを、佐多は松屋に感じたのだ。その佐多がスカイツリーを見たらどう思うか、ちょっと心配になる。

また今回散歩した町の中には、かつては貧民窟と呼ばれた地域もあったが、きれいに再開発された場所もあれば、昔のたたずまいを残しながらも、今にも崩れ落ちそうな家が並ぶ一帯も少なくなかった。何度か歩いただけで結論を言ってはいけないが、おそらく四半世紀以上前と比べると、それらの場所は相当静かになったのではないだろうか。高齢化が進み、若い人は別の町に引越したのであろう。多くの工場や商店がたたまれたに違いない。酒場も、労働者たちの熱気で溢れかえるというよりは、散歩好きな中高年のゆったりとした気分で満ちている。

こういう光景を見ていると、かつて山の手と下町にあったはずの一種の対立関係、緊張関係のようなものが見えにくくなるが、それはそれで社会の平等化が進んだということだとすれば、よいことかもしれない。若い世代も、下町を散歩する人が増えているが、その背景の一つは、彼らが東京の中にあった貧富の差、階層の差などを知らないために、気軽に下町に行ける、という面があると思う。しかし、そうした負の歴史が存在したことを少しは知っておいたほうがよいという気持ちも私にはある。

松本清張と言えば、社会の中の差別や貧困と戦った作家である。おそらく松本は、東京と地方、東京の中の山の手と下町といった対立も強く実感していただろうし、赤線、工場、飲み屋などの描き方にも相当の注意を払ったのではないかと思う。

『松本清張地図帖』を見て、彼が小説に描いた土地を実際に歩き、鉄道に実際に乗って構想を練ったのであろうと思うと呆然とする。しかも彼は、四十三歳でデビューした遅咲きの花。しかしその後四十年間で千の作品を著した。奇跡というしかない。

散歩をすることの最大の意味は、それぞれの町にいろいろな職業の人々がいて、いろいろな幸せを求めながら生きているということを、肌で実感することにあると私は思っている。特に下町を歩く場合、下町が地形的に低いから下町なのではなく、われわれの生活、経済、産業などを下から支えている町だということを、あらためて実感することができる。そこにはきらびやかな商品はない。ゴムとかネジとかバネとか、われわれが見過ごしがちな部品をつくる人々、あるいは廃棄された紙や衣類を再生する人々が、静かに働いている。私のように東京の西側に住む者や郊外ニュータウンで暮らす人たちが忘れがちな、いや、そもそも知らないですませてしまっている世界がそこにある。

その意味で現代のわれわれの生活を支える下町は、東京の下町だけではなく、むしろ東北などの地方であり、アジアなどの新興国である。われわれは震災によって、われわれの暮らしの多くが東北地方によって支えられていることを思い知らされた。同じようにアジアなどの国々が日本を支えている。歩くということは、そうしたことを頭で理解するだけでなく、体で実感するという意味を持っている。佐多や松本はその意味で、体を張って町に相対していたとも言える。

東京

村上 春樹
『1Q84』
新潮社 2009年（新潮文庫 2012年）

団塊世代の記号としての都市

『1Q84』があれほど売れ、あれほど話題になったのに、文藝評論家たちはこの小説の社会性をあまり論じていないような気がする。唯一この小説を一九六〇年代から七〇年代、八〇年代、九〇年代を経由して現在に至る社会的文脈の中で、かつ連合赤軍からオウム真理教までの「若者の反乱」の文脈の中で論じたのは社会学者の大澤真幸だけだ（『THINKING「O」』〈四号〉特集：もうひとつの1Q84、左右社）。

ところが大澤の分析ですら、『1Q84』が東京論でもあることをなぜか指摘していない。『1Q84』では村上春樹にしては珍しく実在の地名が多数登場する。そして「高円寺」にこだわっている。この小説は天吾と青豆という二人の男女が主人公だが、高円寺は天吾の住んでいる場所だし、登場人物たちは磁場に引き寄せられるように高円寺に集まってくる。対して青豆は「高円寺」とは（特に一九八四年当時には）まったく対照的な街である「自由が丘」に住んでいる。だから、同じ東京にいながら、この二人はなかなか出会わないし、途中まではお互いが同じ東京にいるということさえ知らない。高円寺のアパートを根城にした独身男性と、自由が丘のアパートに住む独身女性の行動範囲は決して交わらないのである。

一九八四年という時代を、新宿、高円寺に代表される中央線的な若者文化から、渋谷、代官山、自由が丘に代表される東急線的な若者文化への転換と考えるのは、私のように一九五八年生まれで（大澤と同年齢）、八四年に二十代の真っ只中にあった人間には自明のことだ。特に私のように、中央線の、おしゃれとは言えない国立大学から、渋谷公園通りを造る企業に就職した人間にとっては、自明すぎる。

実際、一九八〇年代初頭の高円寺と自由が丘は、別世界だった。高円寺は当時もまだ「思想」や「革命」に魅了された若者の街であり、左翼色は薄れつつあったが、パンクなどの新しい反抗の音楽の拠点だった。しかし、時代の主流は『なんとなく、クリスタル』（河出書房新社）に象徴される「ファッション」と「消費」と「恋愛」だった。高円寺は「ダサい」「クライ」と言われるまちになった。

青豆の行動範囲には、「自由が丘」のアパート、「広尾」の高級スポーツジム、「麻布」のお屋敷、「渋谷」のホテル、「赤坂」や「六本木」のバーなど、当時のオシャレな記号が満載だ。それに対して天吾とその関係者の行動範囲は、取り壊し寸前の「高円寺」のアパート、「新宿」の中村屋、「代々木」の予備校、「信濃町」の別宅、「立川」から青梅線を乗り継いだ「二俣尾」のお屋敷など、中央線沿線に限定されている。

しかし、青豆の物語は、内面の荒廃や喪失が主要なモチーフになっている。青豆は人を殺した後、行きずりの男と激しいセックスをする。そして、青豆はカルト宗教団体のリーダー暗殺をきっかけに逃亡の身となり、高円寺のマンションに身を隠すことになる。そしてベランダ越しに見下ろせる児童公園に天吾の姿を見かける。第三巻の青豆は、来る日も来る日もベランダから公園を見下ろし、天吾との再会を待つ。青豆にとって高円寺は天吾と出会って内面の荒廃から救われるための場所なのだ。

『1Q84』にはもうひとり、高円寺へやってきて自分を取り戻す人物が出てくる。それは牛河という元弁護士の男で、カルト宗教団体の手先として青豆を追う役割だ。牛河は弁護士として成功し、中央林間に庭付き一戸建ての家を買う。見栄えの悪くない妻、私立小学校に通う二人のかわいい娘、ピアノの音、血統書付きの犬。絵に描いたように幸福な家庭をつくる。ところがある事件をきっかけに弁護士免許を失い、離婚して一人になってしまった。

「中央林間」もまた八〇年代に大きな意味を持つ記号だ。郊外に一戸建てを買い始めた団塊世代を主役としたＴＢＳのドラマ「金曜日の妻たちへ」三連作の二作目（八四年放送）はタイトルバックに中央林間が映し出されたし、「金曜日には花を買って」（八六〜八七年放送）でも実際のロケを含めて中央林間が舞台だった。中央林間の駅は田園都市線の終点にあたるが、中央林間まで開通したのはまさに一九八四年なのだ。牛河は、二人の娘が小学生だとされているから、多分、当時四十歳くらい、村上春樹と同じ団塊世代だろう。

牛河が高円寺に引っ越してくるのは、青豆の居所を探るためだ。しかし牛河は、人生をリセットするために高円寺に「戻ってきた」のかもしれない。実際、高円寺のボロアパートの一室で寝袋にくるまり、寒さに凍えながら、すべてを失ってむしろ「ほっとしたくらいだ」「また振り出しに戻れたんだ」「これが振り出しなのか？」「これが振り出しに戻るということなのか？」と鬼気迫る自問自答をくりかえす箇所がある。

村上春樹は団塊世代で、早稲田の出身だから、当然ながら六〇年代末の学園紛争を身近に経験している。地下鉄東西線は一九六六年に荻窪、六八年に三鷹までつながったから、彼が学生時代にはすでに早稲田から高円寺まで直通で行けたわけだ。実際彼は一九七〇年代に高円寺駅南口のジャズ喫茶「as soon as」に勤めていたという。そして、よくその近くの公園に散歩に行っていたらしい。おそらく高円寺南四丁目の中央公園だろう。『1Q84』に出てくる公園も「環七の車の音がかすかに聞こえる」から間違いない。その後彼は高円寺から中央線を下った国分寺でジャズ喫茶を経営した。村上春樹と高円寺の関わりは思った以上に深いのだ。

こうして見ると、『1Q84』は団塊世代の一九六〇年代から現在までの人生、そして日本社会の価値観の変遷をトレースしながら、もっと別の人生、価値はなかったのかと自問するような小説だとも言える。

闇市

稲葉 佳子・青池 憲司『台湾人の歌舞伎町』

紀伊國屋書店 2017年

焼跡に生まれたつながり

面白い! 歌舞伎町の店舗の経営者やオーナーに中国人、韓国人が多いということは、一般論としては私も知っていたが、同書は、実に徹底的にその実態を当事者へのインタビューなどを通じて歴史的に検証している。私が新宿でほぼ唯一入る店、名曲喫茶の「らんぶる」も台湾人がつくった店だとは! 驚きの連続の本なのだ。

都市の歴史というものは、大きな道路やビルなどによってのみつくられるのではない。ひとりひとりの人、ひとつひとつの小さな店、いや、露店や屋台も含めて小さなもののうごめきがつくりだす、ということを教えてくれる都市研究の名著である。

歌舞伎町は今では世界に冠たるエロチックタウンであるが、そもそもは、その名の通り歌舞伎座をつくって芸術文化の街をつくるというコンセプトで開発が始まった街だった。

角筈《つのはず》一丁目北町（歌舞伎町の旧町名）の町会長だった鈴木喜兵衛と、東京都都市計画課長で、その後都市計画学会初代会長となる石川栄耀《ひであき》が、敗戦後の焼け野原に、広場を囲んで劇場、映画館、ダンスホールなどが並ぶ一大アミューズメントセンターをつくろうという計画だったのだ。

東京都の役人がそんな柔らかい街づくりを構想するとは不思議だと思われる方もいるだろう。だが、石川は、昭和初期からすでに「夜の都市計画」の重要性を主張してきた稀有な存在なのである。

「夜」は「昼間とても得られぬ親しい人間味のある安静の時だ。トゲトゲしい昼の持つ、一切の仲たがいと競争と、過度の忙しさと、人間紡績機の乾燥さに静かに幕をおろし、本来の人なつこい心に帰る時である」。「人と人との間に失われつつある、愛の回復のために夜の親和計画」を考えよう、と石川は言ったのである。

さて、歌舞伎町は、しかし建築制限、預金封鎖、物資不足などにより、計画どおりには実現されなかった。鈴木は苦肉の策として、一九五〇年に東京産業文化博覧会を開催して、博覧会用につくったパビリオンを映画館に転用、さらに五六年にコマ劇場が完成して、なんとか娯楽の街ができていった。

もともと新宿は甲州街道の宿場町だったが、大正、昭和にかけて私鉄が発達すると、ターミナル駅として発展する。銀座、上野、浅草とはひと味違う、陽気で俗っぽくて若々しい街だったという。

それが戦争で焼け野原となり、駅周辺にテキ屋の親分たちによって闇市（露店街）が形成された。また、親分の一人安田朝信《とものぶ》は淀橋警察署長に頼まれて駅の西口にも露天街を開いた。なぜ警察が露店街をつくりたいと思ったかというと、放っておくと、中国、韓国人が西口を不法占拠すると考えたからである。

当時の中国、台湾、韓国人は、戦勝国でもない、敗戦国でもない、という意味での「第三国人」「解放国民」だったのだ。つまり日本人のように戦勝国によって活動が規制されていなかった。だから彼らが、日本各地の繁華街で活躍を始めていたのである。

西口には米軍からの横流れ品、洋酒、缶詰、牛肉、高級服地はもちろん、ガソリン、乗用車、拳銃までが、台湾、中国の華僑を通じて売られていた。儲けた金で、日本人は入れないアメリカ式のキャバレーで遊び、大きなアメ車を買っていた。

私が愛用するらんぶるも一九五〇年に、西口マーケットで寿司屋をやっていた台湾人の呂芳庭《ろ・ほうてい》が、クラシック音楽に詳しく、弟と店を開業したものだという。

それに刺激されて、台湾人の林金馨《りん・きんせい》がつくったのが名曲喫茶「でんえん」と「スカラ座」。林は戦後、やはり西口マーケットでせんべい屋を始め、それから毛糸屋を二軒出す。三つの店が軌道に乗ると経営を妻に任せ、歌舞伎町に名曲喫茶を出したのだという。学生時代からクラシックレコードを収集するマニアだった。

こうして本を読み進めていくうちに、歌舞伎町に小島屋ビルというビルがあると知り、私の記憶が呼び覚まされた。私は数年前に、歌舞伎町の東にある西向天神から花道通りを経て、山手線の西側の新宿都税事務所の信号から大久保通りに抜ける道を東中野まで歩き、どうもこの一部は暗渠《あんきょ》らしいと悦に入っていた。

で、その散歩の途中で西新宿七丁目に別の小島屋ビルを発見していたのだ。このビルは、小島屋乳業の本社ビルで、同社はアイスクリームや牛乳やジュースのメーカーらしかった。

ビルの壁面はスクラッチタイルという、フランク・ロイド・ライトが一九二三年の帝国ホテルで使った様式が使われているようであり、建物自体は戦後建てたものらしいが、戦前からあるようなクラシックな風格があった。どうしてこんなところにこんなビルがあるのだろうと、私はずっと疑問に思っていたのである。

そして『台湾人の歌舞伎町』を読むと、小島屋の創始者は、終戦後に新宿西口マーケットでアイスクリームを売っていた日本人だと書かれている。なるほど！　マーケットから発祥した会社だったのだ。

歌舞伎町のほうの小島屋ビルの隣にあった喫茶店は、主人が台湾人で妻が広東系だったと同書は書いているが、その喫茶店に小島屋のアイスクリームや牛乳やジュースが納品されていたとしてもおかしくない。

そう思いながら私は早速歌舞伎町のほうの小島屋ビルを見に行った。完全な雑居ビルである。パブと牛丼の松屋とカラオケの店が入っている。これがアイスクリーム会社のビルだと誰も思うまい。

特に発見もなかったので「らんぶる」へ向かった。店に入ってまずトイレに向かった。トイレの前に冷蔵庫や冷凍庫があり、そこにアイスクリームや牛乳が入っている。そしてその冷蔵庫や冷凍庫にはたしかに「小島屋乳業」の文字が！

先ほど書いたように、らんぶるも西口マーケットの台湾人がつくった喫茶店だ。西口マーケットでアイスクリームを売っていた小島屋乳業と古くからのつきあいがあって不思議ではない。もしかすると新宿中のアイスクリームや牛乳が小島屋乳業製なのかしら。今度から新宿で飲食店に入ったら必ずチェックしよう。

地域

広井 良典

『創造的福祉社会』

ちくま新書 2011年

生産に従事しない人たちによるまちづくり

東日本大震災が国民の間に、人と人のつながりの重要性を自覚させた。つながりとかコミュニティと言うと、笑われそうだとか、気恥ずかしいとか、どうせうまくいかないとか、いろいろなマイナスの感情が生じやすい状況があったが、それが大震災によって払拭されたようなところがある。

また、近代都市神戸を中心として被災した阪神淡路大震災とは異なり、今回の震災では、農村あり、漁村あり、住宅地あり、工場地帯あり、かつその地域が五〇〇km以上にわたるという、非常に多様な地域が被災した。そのために、単にもっと近代的な都市を造れば復興するのだ、とは言い難い状況があり、事態が複雑化している。

おそらくこの震災が四十年前にあったら、大阪万博後にテーマ（ビジネスチャンス）を伺っていた企業が飛びつき、これを契機に東北を近代都市に変えようという政策が打ち出され、国民も東北の人々も即座に合意しただろうと私は思う。

しかし成熟した現代社会においては、もっと近代的な都市を造ろうというメッセージが国民に響かない。田舎は田舎のままでいいじゃないかとか、東北は東北らしくあるべきだといった価値観が増大しているからである。日本列島改造論のような、日本を画一的な基準で「豊か」にすることではなく、地方の固有性を活かしながら、その地方なりの豊かさを実現することに人々の関心が移っているのである。

広井氏は、まさにそういう時代の思想家であり、社会科学者である。名著『コミュニティを問いなおす』（ちくま新書）を踏まえつつ、本書はより具体的に「創造的福祉」「福祉都市」という概念を提案する。

ここでいう創造性とは、日常の中での「創意工夫」、「遊び」、一つの答のない問題を考えることそれ自体を楽しむ「考える力」などを指す。それらは、義務としての経済成長から解放されたときに開花するものであり、直接的な生産活動に従事しない高齢者と子どもの時期において特に育まれる。したがって創造的福祉とは、単に病気の人をケアするだけでなく、創造性を促進する福祉である。

ところが現代の都市は、高齢者や子どもが楽しく歩いたり、ゆったり時間を過ごしたりすることに適していない。だから福祉政策と都市政策を連動させながら、福祉都市をつくっていくことが求められる。

都市を造ると言っても、それは近代主義的な都市ではない。近代とは時間軸が優位な時代であり、つまり新しいものが素晴らしく、古いものはつまらなく、都市は正しい、田舎は間違っており、先進国であることがよいことだと考えられる時代である。

しかし広井の言う定常化社会では、時間軸よりも空間軸が重要な社会である。そこでは、古いものも素晴らしいものは素晴らしいと考えられ、田舎も都会もそれぞれによさがあり、地方もそれぞれが尊重すべき個性を持っていると考えられるようになる。

ここまで書いてくると、広井の議論は、一般の人々の意識に先行していると言うよりも、一般の人々がおぼろげに感じながら、すでに実践しはじめていることを理論化したものだと言える。だからつまらないのではない。だからこそ本書はとても意義のある現代社会論なのである。

ノマド

坂口 恭平

#『ゼロから始める都市型狩猟採集生活』

太田出版 2010年(角川文庫 2016年)

捨てられた物を拾って生きていく

先日、建築家の山本理顕の『地域社会圏モデル』(INAX出版)の出版を契機としたイベントで、私は山本氏との対談相手に指名された。なぜ私が指名されたかと言えば、私が隈研吾氏との『三低主義』(NTT出版)、東大の大月敏雄氏との『奇跡の団地 阿佐ヶ谷住宅』(王国社)、筑波大の渡和由《わたりかずよし》氏との『吉祥寺スタイル』(文藝春秋)など、建築、都市の専門家とのコラボが多いし、私自身が『「家族」と「幸福」の戦後史』『ファスト風土化する日本』などの著書で、戦後大量生産された郊外住宅地やロードサイドの疑似都市的なショッピングモールについて批判をしてきたからだろう。

山本氏がこんなモデルを構想するのは、少子高齢化と環境問題の解決という目的があるかららしく、そのためには住宅、地域社会というものをもう一度作り直さないといけないということらしい。その点について私は原則として同じような問題意識を持っている。

ただ、対談をさせて頂いた限りの印象では、山本氏はまだそれほど明確な地域社会像を持っているわけではなく、暗中模索を続けている段階のようである。彼に従ってそのモデルを建築的なプランとして具体化しようとしている藤村龍至、中村拓志《ひろし》、長谷川豪という若い建築家たちも、まだ曖昧な山本氏のコンセプトを手探りしながらプランを考えているようだ。

それにつけても、対談やその後の聴衆との質疑をしていて改めて強く感じたのは、地域社会とかコミュニティという言葉に対する、曰く言い難い不信感が人々の間にあるということである。コミュニティなどというとお前はコミュニストの仲間かと揚げ足を取る人に私も会ったことがある。が、それを恐れて新語を造っても訳がわからないだけなので、もうコミュニティっていう言葉でいいじゃないかと申しあげた。

ただし私が考えるのはもちろん新しい意味でのコミュニティである。同じメンバーが永続的に同じ空間を共有する共同体ではなく、折に触れて入れ替わるメンバーが断続的に、あるいはテンポラリーに同じ空間を利用し活動する「共異体」とも言うべきものを新しいコミュニティと考えてはどうか、そしてこの共異体的コミュニティでは、マイホーム、マイカーに象徴される私有を生活の原理にするのではなく、物を共有したり、必要な時だけレンタルしたりする「シェア」が原理となるほうがいいんじゃないか、とご提案したのである。さらに私は、こういう新しいコミュニティを考える上で非常に参考になる本を最近読んだ、それが『ゼロから始める都市型狩猟採集生活』であると申しあげた。

坂口氏は一九七八年生まれ。小さい頃から家に興味があり、将来は建築科になろうと決めて、早稲田大学建築学科に進んだが、彼をある疑問が襲った。「なぜぼくらは家を借りたり、買ったりしなくてはならないのか？」。結果彼の関心は路上生活者に向かう。「なぜなら彼らは、都市の中で唯一、自力で『家』や『仕事』を、つまりは『生活』を発明しながら生きていると思えたからだ」。そして彼は実際に路上生活を始める。面白いのはここからだ。

彼は書く。「アパートに住んでいたきみは隣人の顔を知らなかったかもしれないが、今日からの生活ではそうも言っていられない。……他人との出会いを活かさないと、きみの生活の可能性はどんどん縮まってしまう。ここ（路上：三浦注）に住むすべての人が、きみにとってのよき情報源である」。

どこに行けばおいしい食べ物が捨ててあるか、まだ着られる服が見つかるか、金に換えられる物が拾えるか、そうした生きるために必要な情報はみな路上生活者同士のコミュニケーションによって伝達される。これこそがコミュニティの始まりではないか。

路上生活者には「生業」がある。まず「アルミ缶拾い」。拾った空き缶を集めて資源回収業者に売る。しかし一個一個集めていては能率が悪いので、ラブホテルと契約して（と言っても契約書はないだろうから、口約束だろうが）部屋から出てくる空き缶をまとめてもらうという方法があるのだそうだ。

それから「貴金属拾い」。捨ててあるゴミ袋の中を丁寧に探すと古い財布の中に指輪があったりする。これで月二、三十万円稼ぐ人もいるという。さらに「電化製品拾い」。多摩川では河川敷で拾った物だけの電器屋が営まれているという。こんな話を読むだけで面白いのだが、これ以上書くと横道にそれるので、やめておく。

言いたいのは、こうした路上生活者の中に共異体的なコミュニティがあるのではないかということだ。彼らは都市空間を自由に動き回り、お互いに情報や物を交換し、お互いの利益を計りながら、誰にも迷惑をかけずに生きている。

対してわれわれはどうだろう。隣に住む人の顔も名前も知らず、どこで誰が何から作ったかも知らないファストフードや冷凍食品やレトルト食品を食べて、メディアに氾濫する情報に流されて生きている。そこには匿名性という自由はあるが、リアルな物や情報を介して他者とつながる契機を失っているのである。

こうした傾向は、われわれが自分の使う物は私有するべきだという常識にとらわれていることによって助長されている。たとえば何かが足りない時、われわれはすぐに買ってしまう。だが、まずは自分でつくってみる、つくれないならつくれる人を探して頼んでみる、それがだめなら持っている人から借りて済ますというように発想を変えてみたらどうか。そうすると自然に他者との関係が育っていくだろう。そういう関係を促進するものが、地域社会圏モデルの原理になるべきだと私は思うが。

格差

橋本 健二『階級都市』

ちくま新書 2011年

富裕層と労働者の分離

十年以上前、私が、洋泉社から『大人のための東京散歩案内』を出すために、半年ほど東京を歩き回っていたとき、散歩の後に行く居酒屋を探すためにインターネットを検索していると、何だかとてもいい居酒屋案内のページがある。それが橋本氏のページだった。『現代日本の階級構造』(東信堂)などの著書を読んでいたので、あれ、あの橋本氏は居酒屋好きなのかと思い、メールを差し上げたことがある。

その橋本氏の新著『階級都市』。一読して拙著『スカイツリー東京下町散歩』(朝日新聞出版)、『郊外はこれからどうなる?』(中央公論新社)などと重複するところもあり、しかも『階級都市』で氏が歩いた地域と、私が『スカイツリー』で歩いた地域にも重なるところがあり、思わずにんまりとしてしまった。氏は社会学者、私も大学で社会学を学んだ。年齢もほぼ同じ。地方から東京に出てきた点も共通だ。

氏の生育環境を私は存じ上げないが、私に関して言えば、東京に来てすぐに感じたことの最も重要なひとつは、東京には格差があるということであった。山の手には大きな邸宅があるのに、上野公園にはホームレスがたくさんいる。こういう歴然とした格差は地方では感じにくい。

江戸では、下町には町人が住み、山の手には武士が住んだ。その伝統が今も受け継がれ、下町には比較的所得の少ない、主として労働者階級が住み、山の手には所得の多い、ホワイトカラーが多く住む。

だが、近年その格差が拡大していると橋本氏は言う。一九九五年以来、港区民の所得は上昇し続け、足立、葛飾区民はやや下降気味。結果、最も所得の高い区と低い区の差は、九五年の二・五倍から二〇〇九年は四・三倍にふくらんでいるというのだ。これは、港区民全員の所得が上がったというより、港区内にも住んでいた低所得層が再開発によって追い出され、代わって建設された高級タワーマンションに、新たに高所得層が流入してきたからである。

江戸時代、武士は実は深川などの低地にも多く屋敷を構えていた。ところが明治以降、それらの地域は工場地帯となったため、高所得層は山の手に移住する。他方、山の手地域の川沿いなどにも、日常生活に必要な零細商工業者が住んでいた。この「交雑」こそが都市のあるべき姿だと橋本氏は主張する。ところが、近年の再開発は、零細商工業者を都心から追い出し、地域内の多様性が失われている。それは、都市の死なのではなかろうか。

愛着

『シビックプライド』

伊藤 香織＋紫牟田 伸子 監修

宣伝会議 2008年

歴史を知り市民意識を高める

近年、日本の伝統行事や文物が注目されるようになった。たとえば、若者の間に浴衣を着て花火を見に行くことが普通に行われたり、神社やお寺にお参りすることが増えている。明治神宮のある箇所がパワースポットとして人気だそうだ。

また、日本の各地の伝統工芸の見直しがある。柳宗悦の創設した「民藝」も今また注目されているようだ。地方の棚田などの農村風景を日本文化の財産として重んずる風潮などがある。さらに、そうした地方の街や農村を舞台として現代的なアートの祭りなどが盛んに行われるようになった。

つまり、日本的と言っても京都の貴族文化ではなく、むしろ、よりひなびた地方の、その地方固有の文化が注目されているようである。それは、そうした地方の中でこそ伝統が失われ、もはや瀕死の状態にあるという危機意識も手伝っているだろう。

私がかねてより批判しているファスト風土化も、最大の問題は地域の誇りの喪失である。消費生活は東京並みになっても、地域固有の文化が空洞化している。将来、人口が減少し、ショッピングセンターなどの採算が合わなくなり、それらが地域から撤退すれば、残るのはシャッター通りと巨大なショッピングセンターの抜け殻、つまりは廃墟である。

ショッピングセンターを中心とする消費生活をいかに享受している人でも、自分の住む地域の将来が廃墟でいいという人は多くないと思う。その廃墟を再生しようとするとき、重要となるのは、地域への愛着であり、誇りであろう。

地方には地方なりに歴史があり、物語があり、伝承や神話もある。伝統も文化もある。独特の生活や言葉がある。そういうさまざまな地方が、新しい時代に適応しつつも、その地方ごとの「地方らしさ」を失わなければ、日本には無数の個性的な文化が並び立つだろう。

そういう観点から注目されるのが、『シビックプライド』である。同書の監修者、東京理科大学准教授の伊藤香織は書いている。

「市民が都市に対してもつ誇りや愛着をシビックプライドと言うが、日本語の郷土愛とは少々ニュアンスが異なり、自分はこの都市を構成する一員でここをより良い場所にするために関わっているという意識を伴う。つまり、ある種の当事者意識に基づく自負心と言える」。

伊藤は、こうした考え方が日本でも注目されているとして、その背景を「日本の都市が直面している二つの社会的変化」、つまり「縮小社会の到来」と「地方分権化による都市間競争の発生」に求める。

「縮小社会」とは簡単に言えば少子高齢化による人口の減少していく社会であり、地方ではいち早く現実になっている。

「近代以降ひたむきに拡大成長を志向してきた日本の都市は」「画一的な価値観とは異なる独自の豊かさを見出していく必要に迫られている」が、「拡大を止めたことに自信を失うのではなく、その都市なりの在りように誇りをもつことを欲しているのだ」と伊藤は言う。

「都市間競争」については、「都市はそれぞれの個性や目指す方向を明確にし、住む場所、働く場所、学ぶ場所として選ばれることに意識的にならざるをえなくなって」おり、「その土地に生まれ育った者が特権的に持つ郷土愛だけでなく、より多くの人々にさまざまな立場からその都市のファンになってもらわなければならない」。こうした背景から、今「シビックプライドの重要性が増しているのだ」と伊藤は言う。

伊藤の問題意識も私がかねてから「ファスト風土論」を展開する中で主張してきたことと通ずるものである。

私はマーケッターでもあるので、単に新しい店ができて古い店がつぶれるという現象を批判はしない。消費者が、同じものなら安い店、快適に買い物ができる店を選ぶのは当然のことなので、いくら古い店で買えと言っても、消費者の共感は得られない。

では、古い商店街がシャッター通りになるということの何が問題かといえば、その街の歴史が失われるということである。商店街は単に物を売ってきただけではない。何百年も街をつくってきたし、人を育ててきた。そのために祭りをしたり、消防団をつくったり、いろいろな努力をしてきた。それが失われていいのか。そうしたら街の歴史自体が消える。

こういうふうに大型店問題をいろいろな角度から考えるようになると、問題は商店街の売上げの減少といったことではなくて、街の歴史、文化、あるいは人材育成などの潜在的な機能にも関心が向くようになる。それによってその地域に住む教育文化関係者、親、地域活動家など幅広い層にも、「自分の街をどうするか」という当事者としての関心が広がっていくのである。

だから問題は商店街を商業のための街としてのみ再生することではない。もっといろいろな機能を持った「生活総合産業」のための「街」として再生することが目的になっていくだろう。たとえば、住む場所としてはもちろんだが、福祉、介護、教育、子育て、文化などの拠点としても街が再び見直されていく。こういう流れをつくり出すことが重要なのである。そしてその流れをつくり出すときに、地域への愛着、思い出、誇りなど、つまりシビックプライドが大きな意味を持つだろう。

本書では、そうしたシビックプライド形成の先行事例として、アムステルダム、バルセロナなど欧州諸都市を紹介しているが、その中でも私が関心を持ったのは、「ロンドン・オープンハウス・ウィークエンド」という活動である。

毎年九月末に、ロンドン中の六百以上の建物が公開され、誰でも無料で見学できるというもの。公開されるのは、時代、用途、タイプ、有名建築か否かを問わない。リチャード・ドジャースのロイズ・オブ・ロンドンも見られる。

私は最近前川國男自邸や吉村順三の作品などを見たが、その人の思想と人となりが感じられて興味深いものだ。有名建築家に関わるものでなくても、杉並にある戦前の住宅だけでも見たいものはたくさんある。

最近大阪では「生きた建築ミュージアム」という活動が展開されている。「歴史的な近代建築から現代建築まで、大阪の歴史や文化、市民の暮らしぶりといった都市の営みの証であり、様々な形で変化・発展しながら、今も生き生きとその魅力を物語る建築物のこと」を「生きた建築」と言うのだそうだ。そしてそれらの建築を探訪して回る各種イベントを開催している。

こうした活動はまさに建築を都市生活のシビックプライドとして生かすものだろう。

眺め

東京工業大学 塚本由晴研究室
『Window Scape　窓のふるまい学』
フィルムアート社　2010年

光と風を感じる暮らし

私は、建築家SMLと作った『高円寺 東京新女子街』（洋泉社）において、住宅の窓の面格子、手すり、郵便受け、アパートの階段などを撮影した写真をたくさん紹介した。これは本を作る当初から予定したのではなく、本を作るための調査を開始してから、それらの魅力に気づいたのである。

古い住宅が密集している高円寺は、一見すると住みにくい街に見える。街路が狭く、窓を開ければ隣の家がすぐに建っているがために、窓に面格子がはめられていることが多い。しかしそのデザインは、古い物ほど一点一点職人が手作りしており、えもいわれぬ味わいを持っている。特に、すりガラスの外側にはめられた鉄製の面格子が、少し錆び、塗装もはがれた様子は、癒しのアートである。

塚本由晴氏に最も影響を与えた本の一つが、アメリカの建築家ルドフスキーの『人間のための街路』（鹿島出版会）だと、どこかで読んだことがある。『Window Scape』には、そうした彼の感性がとてもよく現れている（本書は塚本研究室がＹＫＫ ＡＰ社と共同研究をし、日本および世界の街の窓をフィールドワークした結果をまとめたものである）。

街路と道路は違う。道路は移動するための手段に過ぎない。だから、そこに立ち止まることが許されない。だが街路は、そこを歩き、すれちがう人を眺め、立ち止まって店を冷やかし、知り合いに会い、立ち話をする場所である。店は商品を街路にはみ出させ、職人は街路に座り込んで道具の手入れをし、子どもが路上で遊ぶ。つまり街路は通り過ぎるための通路ではなく、そこに集まる場所である。その意味で街路は単なる手段ではなく、それ自体が目的である。

だから街路には、さまざまな建物が面しているが、それは壁が面しているのではなく、人が相互に面しているのだ。そして建物の中の人と、外の人をつなぐものが窓である。窓によって人は、建物の中にいながら光と風を採り入れ、外を眺めることができる。街路を歩く人は、歩きながら窓の中の世界を想像することができる。その視線の交叉が街を立体的にする。それは塚本の言葉を借りれば「自分自身の境界を超えて世界と一体化するような詩的な体験」である。

本書のサブタイトルは「窓のふるまい学」である。塚本は「二十世紀という大量生産の時代は」「設計条件を標準化し、製品の目標にとって邪魔なものは徹底して排除する論理をもっていた」。しかし邪魔なものの中にも「人間が世界を感じ取るためには不可欠なものが多く含まれている」とし、窓もまた工業化によって、内と外を遮断する性能を強化する方向に向かい、本来窓が持っていた「内と外の交通を図る」働きが軽視されてきたという主旨のことを述べている。

それに対して「窓のふるまい」という視点は、「窓を通して入ってくる光や風、そこにたまる熱、その熱に寄り添い外を眺める人、街路を歩く人、庭に広がる緑、といった窓に隣接する物事へと目を向けさせ」る。そのことによって「近代建築の原理の中では低く見積もられてきた窓の価値を再発見することが出来る」と塚本は言う。

この窓調査を踏まえて、塚本は今後どんな建築を作るのか。その建築の中から、窓を通して外を見てみたくなった。

その他「都市を考える」お薦めの本

今橋映子『リーディングズ　都市と郊外』
ＮＴＴ出版　２００４年
今橋映子『パリ・貧困と街路の詩学』
都市出版　１９９８年

書く本すべて質量ともに圧倒的なことで知られる天才今橋姉妹の姉・今橋映子さんが郊外論を書くとは思わなかった。『リーディングズ』は都市論・郊外論の主要な本を紹介するものであり、都市社会学者にはとてもできないエレガントな構成になっている。参考文献リストに挙がっている本もすべて読むべき本である。

今橋映子は都市写真の研究者。特にパリを撮った写真を研究する。ニッチだなあ。しかしとても魅力的。

だがパリでも都心部ではなく郊外を撮った写真家がいた。ドアノーやアッジェの写真が郊外をテーマにしていたとは知らなかった。なんとなくサンジェルマンあたりを撮影していると思い込んでいたからだ。

『詩学』はそういうパリに憧れて貧しい生活を送った芸術家についての本である。佐伯祐三もその一人。彼の絵を見ると私は胸が痛くなる。そしてこの本における佐伯についての叙述を読むと、ますますその痛みが増す。絵のように美しく痛切な文章である。

そういえば佐伯祐三の画集があったはずだ。そう思って私は本棚を探した。画集ではなく展覧会カタログだった。もう憶えていないが、一九七八年に行ったらしい。

カタログを見ながら文章を読み返すと、ますます感動が深まる。そう言えば今橋さんは展覧会カタログの本も書いている。それも読もう。

『フォト・リテラシー』（中公新書）という本も読んだ。あとがきを見て驚いた。編集者が今橋さんに原稿を頼んだのは彼女が大学院生時代だったというのだ。本ができるまで二十数年。編集者と著者の理想的な関係！

内田青蔵『同潤会に学べ』
王国社　2004年

同潤会というと、かつて代官山や表参道にあったアパートが有名だが、普通住宅と呼ばれる木造の集合住宅や木造の分譲住宅も建設しており、それぞれ魅力的である。赤羽などに残る分譲住宅への思いを、綿密な実地調査をもとに語る名著。資料性も高い。

佐藤滋『集合住宅団地の変遷』
鹿島出版会　1989年

私の一生の不覚の一つが同潤会の代官山アパートを記録しなかったことである。このアパートには、一九八三年頃、会社への通勤途上に迷い込んだ。まるで一九二〇年代のウィーンを舞台にしたモノクロ映画の中にいるような不思議な気分に包まれ、それ以来同潤会に強い思いが芽生えた。

にもかかわらず、当時は古い建築の歴史よりも新しい流行を追うことが仕事だったために、同潤会についてはほとんどまったく調べることがなかった。

同潤会をつぶさに調べたこの本が出たのが一九八九年なのでバブル経済のピーク時。地上げで多くの古い建築がつぶされていたころだ。物も建築も失われていくと、人々は喪失感にさいなまれ、そこに価値を見出し始める。私もその頃から古い建築への関心を強めた。私が代官山アパートを調べるなら、そのときであるべきだった。だが調べなかった。仕事が忙しすぎたのだ。せめてあと三年早く出ていたら、私も調べたかもしれないが。

結局私が同潤会の作品群を見て歩いたのは脱サラをした二〇〇〇年からである。そのとき代官山アパートはすでになかった。清澄と日暮里と上野にまだあったのが救いだった。

山口廣 編『郊外住宅地の系譜』
鹿島出版会　1987年

田園調布、成城学園、洗足、桜新町、常盤台など、明治末期から大正、昭和初期に開発された東京の著名な住宅地の歴史を知ることのできるバイブル。図版、写真も往時を偲ばせるものが多く、愛蔵したくなる本だ。

片木篤 他編『近代日本の郊外住宅地』
鹿島出版会　2000年

関西の研究者による本なので、東京以上に京阪神の住宅地に力点が置かれ、かつ全国の住宅地を網羅している。東京圏では田園調布、成城はもちろん、等々力、大船など。京阪神では御影《みかげ》、六麓《ろくろく》荘《そう》をはじめ、北白川、香里園《こうりえん》、箕面《みのお》、千里山などが取り上げられている。巻末の郊外住宅地開発年表の資料性がすばらしい。

今和次郎『新版大東京案内』
ちくま学芸文庫　２００１年

現代を分析し、将来を予測するときに、私はしばしば古本を読む。特に大正から昭和初期の東京について書かれた本を読むと、その状況は現代とあまり変わらない。破壊と建設を繰り返しながら、各地に個性ある街を生み出してきた東京の原像を知りたいなら本書を読むにしくはない。

永井荷風『濹東綺譚《ぼくとうきたん》』
岩波文庫　１９９１年　他

私はほとんど小説を読まぬが、川本三郎の評論をきっかけに「濹東綺譚」を読んだら、まさに陶酔してしまった。関東大震災によって江戸の街並みが消えたことを嘆く荷風は、江戸の残り香を探し求めるように東京の街、特に浅草や玉の井などを歩き回った。その徘徊の結果として生まれた最高傑作が「濹東綺譚」である。一見つまらぬ男と女の出会いを通じて、近代が喪失させたものへの愛惜が、透明なのに感情豊かな文体で描かれている。

紀田順一郎『東京の下層社会』
ちくま学芸文庫　２０００年

百年ほど前の労働者階級の姿を描く。本物の下層社会とはこういうものなのかと、思い知らされる。彼らが暮らすのは、東京の川沿いの低い土地、湿地帯である。たとえば、いま深川というと、高層マンションや商業娯楽施設が建ち並んだ綺麗な街だと思うだろうが、それはせいぜいここ三十年の話。もとは工場地帯、その前は、ちょっと雨が降ると家が浸水するようなところだった。若い人も、そういう都市の近代史を社会常識として知るべきだと思う。

赤坂憲雄『排除の現象学』

洋泉社　１９８６年（ちくま学芸文庫　１９９５年）

郊外が社会学的な研究の対象になることを私に教えた本として『東京漂流』と並ぶ一冊。鳩山ニュータウンなどの郊外に対する違和感をもった叙述が新鮮であった。しかし現在の鳩山ニュータウンを訪ねると、排除的な雰囲気はあまり感じられず、情熱的に計画された田園郊外がそこにあることを実感する。街の分析は一時点だけでなく、長期的、継続的に行われなければならない。

カルソープ『次世代のアメリカの都市づくり』

学芸出版社　２００４年

私がこの本を初めて原書で読んだのは二〇〇三年だが、その序文がすばらしい。非常に社会学的な論文。建築、都市計画の専門ではない人はこの序文だけでも読もう。

この本の原題は「The Next American Metropolis」。だから序文では「Next American Dream」を考えている。ネクストと言うからには、もともとの古いアメリカンドリームがあるわけだが、それがまさに、先述した郊外の庭つき一戸建て住宅に住む核家族だった。それは働く男性と専業主婦の妻を中心とする家庭である。そういう生活を実現することが、アメリカンドリームだったからだ。

しかしその後家族は多様化し、複雑になった。女性も働くようになり、離婚も増え、さまざまな家族の形態、ライフスタイルが生まれた。それならば、これまでとは違うまちづくりが必要だというのがカルソープの主張である。

アレグザンダー『パタン・ランゲージ』

鹿島出版会　1984年

面白い！　ひたすら面白い都市の分析。細部にこそ都市の魅力があることが、豊富な図版とキャッチーな見出しで手に取るようにわかる。そしてまた本書は細部を塗りつぶしてしまう巨大都市開発への批判でもある。本書を読んだら、とりあえずダイニングテーブルの椅子を、同じ椅子でそろえるのではなく、形も大きさも素材も違うバラバラな椅子に替えたくなるだろう。

ルドフスキー『人間のための街路』

鹿島出版会　1973年

自動車優先の道路にも脇には歩道がある。しかしそこを好んで歩く人はいないだろう。人間は本能的に狭い道、曲がった道、でもちょっと明るかったり、休みたくなる場所があったりする道を選ぶ。それは道路ではなく街路である。東京でも都心部はどんどん路地や街路がなくなり、巨大なビルに再開発されている。ショッピングモールの中の偽街路は、三十分歩いたら飽き飽きする。人間は二足歩行をして人間になったのだから、歩くことを楽しめる都市は人間の脳を楽しく刺激するはずだ。

東京R不動産『東京R不動産』
アスペクト（文庫版）２０１０年

五年ほど前、古いけど味があって事務所にしたくなるビルってあるよね、それを集めたホームページをつくったら面白いね、と建築家・馬場正尊君にメールしたら、なんとすでに彼は作り始めていた！　それが東京R不動産になったのだ。事務所用というより、住居用が中心であったが、なるほどこんな古さが実は魅力的なんだ！と、着眼の面白さに舌を巻いた。

ひつじ不動産『東京シェア生活』
アスペクト　２０１０年

不況で所得が減った若者が、ひとりで部屋を借りられないからシェアハウスを選ぶのだと思う人もいるだろう。しかしもっと大事なことがある。最近のシェアハウスでは、入居者が自室から出て、自然に交流しやすいように、お互いのつながりが生まれやすいようにしているのである。個人としてのプライバシーもありながら、人と会いたいときはすぐ会える、そういうゆるやかなつながりを求める気持ちが若い世代を中心に増えている。

皆川典久『東京「スリバチ」地形散歩』
洋泉社　２０１２年

地形に関する本がブームだ。その火付け役が本書。たんなる地形図や教科書とは違い、地理に関心がなくても楽しめる。東京を考えるうえで地形はとても重要だ。大震災後、津波や液状化の問題で、東京でも自宅の海抜を気にする人が現われてきたが、それまでは土地の高さの重要性は忘れられていた。本来、「山の手／下町」というように、土地の高さは階層と結びついている。本書を手に街を歩くと、みえるものが違ってくるだろう。

森千香子『排除と抵抗の郊外』
東京大学出版会　２０１６年

名著である。十年あまり前、パリ郊外で暴動があり、日本でもニュースになった。パリ郊外には低所得の労働者が多く住み、移民や移民二世も多い。そこには社会への不満が鬱積し、近年はＩＳの温床になっているとも言われる。そうしたフランスの移民と彼らが集住する地域の形成過程と変容を克明に調べたのが本書だ。

読むと、いろいろと批判の多い日本の郊外であるが、フランスよりはうまくいったのかも、とすら思う。もちろんそれは日本に移民問題がこれまでほとんどなく、郊外はむしろ勃興する中流階級のためにつくられたからである。

だがこれからも日本の郊外がそうであり続けるとは限らない。高齢化と人口減少によって郊外が虫食いになり、その穴を外国人が埋めている地域もあるからだ。郊外の中でも、中流向けの郊外と、そうではない郊外の分離が今までよりも激しくなるかもしれない。

その点に関連して、すでに、今橋映子の『都市と郊外』において私と宮台真司の郊外論への批判が載せられている。すなわち、私と宮台は、日本の郊外を、アングロサクソン型の中流郊外との類似でのみ論じているが、ラテン型の郊外のように、都心に中流以上が住み、郊外に下流層が住むという傾向も日本の郊外形成にはあったはずだ、というものである。たしかにそうなのである。それを私は今後のライフワークにしたいと思っている。

第二部　コラム集

1 社会

ESPACE
日拓
ガールズ&パンツァー
GIRLS und PANZER
魔法もあるんだよ
奇跡も
まどか☆マギカ
日本最大級設置
新台入替
買い取ります。
まっくす
アキバ駅前店
MAX
ボークス

地域と家族を空洞化させるブラック企業

——三浦先生はブラック企業をどういうふうな問題として捉えていますか？

雇用の問題は所得の問題であり、生活の問題ですが、最終的には少子化という問題にもたどり着くし、地域社会の問題にもつながっていくと思います。

私は、これまでの少子化対策がうまくいかなかったのは、すごく意欲的な、仕事も男性並みにして、できれば子育てもしたいという女性を支援しようという対策だったからだと思います。それが先進国ふうに見えるからなんだろうけれども、実際は子育てと両立なんていう大変なことをしてまでも続けたいおもしろい仕事をしている人なんて少ないんですよね。多くの人は家計の補助、あるいは若干のやりがいのために仕事をするのであって、そういう人は無理してフルタイムで働きながら子育てしたいなんて思わない。

そもそも仕事よりも子育ての方がおもしろい、やりがいがあるという人は多い。そりゃそうでしょ、子どもは毎日成長しますから、やりがいがあるんです。

それなのに、子育てノイローゼの女性が増えているとかいって、たしかにそれは事実でしょうが、仕事をするほうが精神的にいいんだという論調が少子化対策の中にあった。これは仕事偏重の価値観だという意味ではブラック企業問題にもつながるという気がします。人間の能力を仕事に使うことがすばらしいという価値観です。まず、そういう価値観を抜け出すことが必要だと私は考えます。

じゃあ、どうしたら子育てと仕事の両立が誰にでも簡単にできるようになるのか、イクメンが増えて、家事負担も分担されて、女性が働きやすくなるかといったら、まず何より残業をなくすべきなんですね。男性が残業を夜の八時、九時、十時までしているから、育児に協力できない。もちろん女性も仕事と子育ての両立ができない。子供ができたら定時で終わり、子供が小学校のうちまでは、残業は罰則規定付きで禁止しない限り、子供なんて産まないと思いますね。

私も最初の子供ができたときに共働きだったから、二人で交代して保育園に送り迎えをしていました。フレックスタイムだったからできたんですが、朝送っていくとなると、会社に着くのが十時近くて、さらに夕方迎えに行くとなると五時ぴったりで出ないと間に合わないから、会社に八時間いられません。残業したら保育園には迎えに行けないということです。

だから残業がない社会にするべきだと思いますね。残業は割増率を二倍にする。そうすると四時間残業したら、八時間働いたのと一緒だから、じゃあもう一人雇おうということになる。

それに私はそもそも労働時間が八時間というのは多すぎると思っています。現状ではパートの人は四時間から六時間、フルタイムの人は残業を入れて十時間から十二時間働いていると思いますが、労働時間を全員六時間程度にすればいい。六時間が定時で、残業したら二倍払うとなると、十二時間働いたら給料は三人分でしょう。ということは、六時間分の人件費で三人雇えるということです。これくらいワークシェアリングするのが私の理想ですね。九時から十五時まで働く人と、十四時から二十時まで働く人の交代制にすればいい。十四時から十五時までは引き継ぎ時間です。こうして全員が六時間労働制になれば、子育て中の人も、歳を取って体力が衰えた人も、少し病気の人もなんとか働けます。

学習院大学の今野浩一郎教授が「制約社員」という概念を提示しています。つまり、子育て、介護、健康上の理由など、一日八時間働くには制約がある社員のことです。この制約社員が今増えている。八時間働けないどころか十二時間働けないと正社員になれないという仕組みでは多くの人が非正規雇用にならざるを得ないと言う現状こそが問題です。

ですので、どういうふうに働くかは、基本的には個人契約にすべきでしょう。学校を出て入社早々、個人が会社と契約するというのは、事実上難しいだろうと思いますから、一年から三年くらいして、仕事も覚え、会社の事情もつかめたところで、今後の自分の働き方を会社と交渉する。残業もして、年二四〇〇時間ばりばり働いて、早く家でも買いたいという人は働いてもらえばいいと思うし、子供ができたので早く家に帰りたいという人は六時間勤務で午後四時には帰りますとか、個人個人がその時点のライフスタイルやニーズに合わせて会社と働き方を契約していけるということが望ましいと思います。

ただ、そのためには契約する能力を大学卒業時点である程度基礎知識として学んでおくということは必要ですね。学べる制度が必須です。

それと、正社員と非正社員の間に五段階か六段階の階段をつけることです。正社員の方がブラック企業で苦労しているという話ですが、正社員は安定があり、非正社員は不安定であると、その間に大きな格差があるために、多様な選択ができません。これが問題。

おそらくブラック企業でノイローゼになってしまうのは、辞めたらまた仕事を見つけるのが大変だと思うからでしょう。非正規雇用になったら大変だと。だからブラック企業でもしがみついていないとまずい。そうすると過剰に働かされてしまうし、罵倒されても我慢せざるをえないということになる。

かといって、非正規は不安定すぎる。だから、その中間に何段階かあればいいのではないでしょうか。私は全員が契約的な正社員になるというのが望ましいと思っています。一日十二時間働いてたくさん稼ぐか、八時間で普通に稼ぐか、六時間でワークライフ・バランスを重視するか、そういう選択が、未婚の時、結婚した時、子どもができた時、親に介護が必要になった時、自分が病気をした時などなど、様々な状況に応じて一年ごとに選べるというのがいいですね。

そもそも、法律的には正社員という規定はありません。あなたを採用しましたと言ったら、なんとなく、何もしなければ定年までいさせてやるから、そのかわりに何でもしろよという暗黙知の世界になっています。

それを明示化して、私は今はこういう状況なので、これから三年間は、こういう内容で、こういう働き方をして、何時間働いていくらもらいたい、ということを、もっとちゃんと会社と社員が話し合って決められるようになるといいと思います。

私は、三菱総研に勤めていたときに、労働時間短縮の仕事をしたんですが、建設資材の鉄工をつくる業界で、品質の悪い鉄鋼を安く売る会社があった。これは残業代をちゃんと払わない会社だから安くできたんですね。そこで、鉄工の業界団体として、建設現場に「ちゃんと残業代も払っている会社の鉄工を使っています」という看板を出してもらうことにした。

そういうふうに、うちはサービス残業がない、ちゃんとやっている会社だということを証明する看板を、会社の玄関に掲げるくらいのことをしたらどうでしょうか。

――上場企業・リーディングカンパニーが労働条件をちゃんと守らないと、ほかも守りようがありません。上場企業が労働条件を引き下げて、本当に競争しないといけないとなると絶対に勝てないわけですから、そこからまず守ってもらわないとどうしようもないというのはひとつあると思います。

プロ野球選手の契約のように、ひとりひとりの社員と話し合って契約してもらいたい。それは企業にとっては面倒なことでしょうが、やるべきです。

働く側も、雇用に対するリテラシーを上げていって、自分はこういうスキルを持っているから、こういう条件で何をして働いていくから、いくら給料をくれ、という考えをちゃんと持てるようにならないといけません。

――賃金が下がっても生きていけるような社会保障などの仕組みや、保育施設などが整備されるといったようなことも必要かと思います。

社会保障については、大きな政府を望む人は少ないでしょう。中ぐらいの政府、納得のいく福祉を望む人が多いのではないかと思います。

それと、行政だけが福祉なのかという問題がある。私は最近シェア社会というものを作れないかと言っているのですが、行政が税金でやるものだけが福祉ではないと思うからです。

たとえば、私は子どもを二人育てた経験があるから、子どもを保育する能力がある。しかし保育をするには保育士の資格がないといけませんと言われると、資格を取るために短大に通わないといけないから、実際はなかなかできない。保育士の資格を取りたての二十歳の子よりは絶対に子育てが上手なのにね。

だから、私のような子育て経験者が簡単に准保育士みたいな資格が取れるようにすれば、保育所はもっと早く増やせると思うんですね。行政がそういう規制緩和をしていくことで、子育て能力をもった人が、安い賃金で保育にあたれると思います。

つまり、いろんなスキルを持った人が、自分のスキルをちょっとずつシェアしていけば、福祉を含めたいろんなことができる、そういうビジョンを私としては描きたいんですね。

日本の社会にはいろんなストックがあると思っています。実は、ストックがあるから、給料が低くても暮らしていけるわけですよ。五十年前に不景気だったら、まともな家すら足りない時代ですから、親の家にいつまでも子どもが住むなんて、狭っ苦しくて、とても無理だったでしょう。他方、一人暮らしをするといっても設備の悪いアパートしかなかった。

だから、都営住宅とかURがたくさん借家を造ったわけです。税金を投入して家を作った。ところが、今は住宅のストックがある。だから、最近注目されているシェアハウスみたいに、古くなった空き家を活用して若い人が快適に住める住宅ができるようになった。行政やURじゃなくて、若い不動産屋がちょっと工夫したら、シェアハウスができた。つまり、これは若い一般市民・一般企業が、わずかな財力で、パブリックな機能を担いうるようになったということなんですね。

そういう意味では、日本の民主主義は進歩したと思います。一方で個人主義というのもちゃんと浸透した。他人の生活に干渉しない、けれども、みんなで仲良く暮らせるノウハウが身についた。だから、シェアハウスがつくれるわけです。日本人の個人主義や民主主義、パブリックに対する意識が向上したから、そして、空き家というストックがたくさんあるから、行政が家を作ってくれなくとも、自分たちで、自分たちが住みたい家を造れるようになったんです。労働についてもそういうふうに、行政に頼るだけではない、自分たちで仕事をつくりだしていくことができないものかなと思います。

もちろん、行政に対して文句を言うのもありですが、自分たちで仕事をつくり出していく、あるいは仕事を紹介していく、仕事の相談ができる、自分たちなりの職安を作れないかと思います。そういう動きが出てくると、ブラック企業なんてものは次第に淘汰されるでしょう。

その関連で言いますと、阿佐ヶ谷に副業つきシェアハウスができたらしいですが、これは、住人がたとえばトイレ掃除などの家事労働をすると月いくらか家賃を減らすという仕組みらしいです。労働は義務ではなくて、もし当番が見つからなかったら業者に頼むようですが、その場合は管理費として一人あたりの家賃が増える。

おもしろいことに、住人が家事を担当すると家が汚れなくなるそうです。シェアハウス運営会社から見たら、住人が労働しても業者がしても支出は同じでしょうから、損はない。そういう仕組みをもっと広げられないものかなと思います。

たとえば、シェアハウスに住む人が隣の家のおばあちゃんの手伝いをするとか、地域に開かれた活動も増えていったらいいなと思う。電球を替えたり、買い物を手伝ってあげたり、シェアハウスの住人が近隣の高齢者を手伝う。そうしたらシェアハウスに対して行政が毎月三万円補助して、その分家賃がまた安くなるとか。若い人が十人住んでいるシェアハウスがあると、周りの半径五〇〇m以内の高齢者の生活が助かり、行政は歳出が減る。若い人は地域の中で認められていく。そういうふうになっていくといいなと思います。

――猪瀬都知事が高齢者と若者がシェアハウスして、高齢者の介護を条件に、シェアハウスや都営住宅に家賃補助をすると述べていましたね。

介護まで行くと、専門的なスキルも必要だろうから、簡単じゃないでしょうね。電球を自分で替えられなくて、暗いまま過ごしている高齢者はいくらでもいますから、そういう日常的な生活支援と若者の居住、雇用を結び付けて社会問題を解決していくことが重要でしょう。

京都では「ソリデール事業」といって、高齢者の夫婦や一人暮らしの世帯の空き部屋に若い学生や社会人を住まわせるマッチング事業を始めています。これはパリに先行事例がある事業なのですが、こうしたことが今後広まるべきです。

――「新しい公共」という言葉もありますが、たとえば空いている時間に行政に参加すればいいという声も聞きますが、労働の問題を見すごす人が多いと思います。いまのままでは、参加できる人は専業主婦や高齢者などごく一部です。残業を規制して、働ける時間じたいが短くてもいいような条件が整えばこそ、公共の分野に参加することができます。

そのとおりです。すべての時間を会社に吸い取られていては、地域で活動することはできない。ましてサービス残業とか、名ばかり管理職とか、ブラック企業なんて、まったくひどい話です。

もうひとつ重要なのが副業です。副業を認める会社は増えているんだろうけれど、地域に貢献する副業で、月に一、二万円稼ぐような副業は、積極的に認めるべきはないでしょうか。たとえば、私はマンションの管理組合の理事をしていますが、平日の夜に打ち合わせをやりますといわれても、働き盛りの人は無理だし、だからと言って子供がいるから家にいるという人も夜だと出にくい。そうすると、七十代の方ばかりで決めることになるから、若い人から見たらマンションの魅力が向上しないという結果になりがちです。選挙と一緒で、自分たちの将来の問題ですから、やっぱり若い人こそがマンションの管理に参加しないといけないのですが。それに、残業をしてマンションに帰っても、夜の真っ暗なマンションしか見てなかったら、どこが壊れているとか、どこを修繕していいかわかりません。

だから、会社のためにすべてのエネルギーを使わせて、ちょっと余った時間で家族や地域のために働くというのでは全然足りないのです。シェア的な街づくりとか、地域でのコミュニティビジネス的な副業とかは、残業ゼロが前提でないと進みません。放っておくと、ますます地域が空洞化していくでしょう。

――ブラック企業が地域を空洞化して、コミュニティの実質的な能力を全部奪っているということですね。

人間の全てのエネルギーを利益活動にのみ使わせるというのがおかしいんですね。そんなことを言ったら子供は育てられない。だから、最初に言ったように、育児支援の最大の課題は残業を無くすことなんです。夜中までの深夜保育とか、都心の会社に保育所をつくって、そこまで子どもを連れてこいとか、そんなものは子供にも良くないし、そういう生活を見たら、若い世代は、こんなことまでして働きたくはないし、こんなことまでして子どもを産みたくないと思ってしまう。

――メディアで取り上げられるのは、一生懸命働いて子供を育てているような人ばかりです。それは難しい。ブラック企業や長時間労働にちゃんとルールを課していくことによって、地域の発展や子育てとかにつながってくるというのはポジティブな提言だと思います。

そうしないと、地域が高齢化したり空き家が増えたりという問題を解決する人が本当に七十歳以上の人しかいなくなってしまいます。地域の空洞化は行政にも住民にもすごくコストになって返ってくる。三十代、四十代の人が地域で活動できるようにしないと、結局すべての生活サービスを税金でまかなうしかない。でも、そうなると財政破綻するでしょう。

――そういう取り組みを実際にやってるところはありますか？

家から半径五〇〇m以内に店がないという買い物難民、これは高齢者から見ると十分以上歩いても何も買えない状態ですが、この買い物難民が日本に六〇〇万人いるそうです。東京には五一万人いる。

そういう人向けにドラッグストアやコンビニなどが、宅配するビジネスを始めつつあります。練馬区では買い物弱者支援モデル事業というのを始めていて、地域の商店街とNPOが連携して、配達サービスを行っています。ここで荷台を運んでいるのが、実は会社で働き終わってきた人なんです。それで地域のなかで一生懸命働いていると認められることに喜びを見出す、というふうになっていって、残業するよりは実入りが少ないけれど、家族とも触れ合えたり、地域と触れ合えたり、要するに幸福度が上がるということにつながればいいと思います。かつ、地域の中に収入が生まれたり、ビジネスが生まれたり、雇用が生まれたりすることが重要です。

若者の労働問題は、少子化はもちろんだけど、地域の問題とか、いろんなところに波及する問題であるということを「POSSE」のような雑誌もっとアピールしてもらいたいと思います。労働問題だけだと、景気を良くしろとか、労働行政にしっかりしろという話だけになってしまう。しかし、これは住宅地の問題であり、商店街の問題でもあり、保育の問題でもあり、社会全体に関係しているすごく大きな問題ですから。

モテない男の犯罪

アキバ事件の容疑者加藤智大は、ちょうど就職氷河期世代、いわゆるロストジェネレーションであったこともあり、マスコミは、派遣社員という不安定な立場がこうした事件の背景にあると分析してきた。事件直後の私の第一印象も、また派遣社員が事件を起こしたかというものだった。同じ年の四月に江東区のマンションで派遣社員の男性が隣室の女性を殺害し、トイレに流すという恐ろしい事件が起きていたからである。

たしかに、派遣社員は正社員よりも年収が少ない。三十歳を過ぎると年収の伸びもあまり期待できず、長期雇用の保障もなく、将来に展望を持ちにくい雇用形態である。

そもそも派遣社員の待遇はどれほど悪いのか。私が行った全国一万人の男性を対象に行った「男性仕事・生活調査」（二〇〇六年）によって二十代前半から四十代前半までの年収の推移を見ると、派遣社員は二十代前半では150万円~300万円未満が四割であり、正社員とあまり違わない。しかしその後は300万円以上500万円未満でほぼ頭打ちであり、四十代になっても年収は増えない。それに比べると、正社員は四十代になると５００万円以上が七割に近づく。管理職になれば56％が七百万円以上になる。こうしたことから、派遣社員は三十代になると正社員との差を確実に実感すると言えるだろう。二十五歳を過ぎた時点で将来が見えてくると、より強く格差を実感するかもしれない。

次に結婚。正社員男性は三十代後半で34％にまで未婚率が低下するが、派遣社員は71％までしか下がらない。これは、年収が４００万円以上の男性でないと結婚が難しいということでもある。正社員ならば三十代で多くの人が４００万円を越えるが、派遣だと多くの人が何歳になっても４００万円未満のままなのである。だから未婚率がなかなか下がらないのである。

また派遣男性は、正社員でないわりにはフリーターと比べると未婚で親元ひとり暮らしが多い。正社員は21.2％、フリーターは26.1％だが、派遣は31.3％であり、三十代後半では36.0％が未婚一人暮らしである。その分フリーターの親元暮らしより生活は楽ではない可能性もあるし、孤独を感じやすいかも知れない。

「男性仕事・生活調査」によれば「いざという時、自分を支えてくれる人はいないと思う」人は、正社員では10.4％、フリーターでは16.6％だが、派遣社員では20.3％である。特に三十代の派遣社員は約三割がそう答えている。これはかなり大きな数字である。フリーターは親と同居しているケースが多いので、自分を支えてくれる人がいないとは思いにくいのだと考えられる。

生活全体への満足度は、「不満」「やや不満」の合計が正社員では21.7％だが、フリーターは32.2％、派遣は36.4％。生活水準意識は、「中の下」「下」の合計が正社員では40.0％だが、フリーターでは62.4％、派遣では68.2％である。しかも三十代後半の派遣では何と84.0％に上昇する（フリーターも86.0％）。

このように考えると、あくまで一般論であるが、加藤容疑者のような挫折感を持った派遣社員が今後三十代になっていくと、さらにその挫折感が拡大してしまう危険性は少なくないと言える。彼らの所得を増加させることはもちろんだが、孤立化しやすい生活環境をどう改善するかについても対策が必要だろう。

公務員の「上流化」と新しいやりがい

公務員は近年、上流化しているようだ。二〇一五年に私が三菱総合研究所と共同で行った調査では、十年前に比べ公務員の階層意識は「中流」と「下流」が減り、「上流」が増えていたのだ。男女どの年代を見ても、会社員（正社員）より公務員のほうが「下」が少ない。さらに、公務員は会社員より結婚率も持ち家率も高く、旅行を楽しみ、昼食や服にも多く支出していた。公務員のほうが消費が旺盛なのは私も驚きだった。彼らがお金を使えるのは所得が安定しているだけでなく将来不安が少ないからだ。

この二十年、民間企業はパナソニックやソニーのような大手企業でさえも給与を減らし、社員の首を切ってきた。身を削って危機を乗り越えようとする民間企業に対して、公務員の改革はほとんどされていない。採用を減らすことはあっても、リストラはなく、天下りもできる。だからこそ「上流」意識が高くなるのだ。家や車を買い、結婚して子どもをつくるという、かつての「中流」になるには公務員になるのがベストという状況だ。

ある首都圏の公務員に聞いた話でも「絶対にローンは組めるので、家は買う」、「結婚も比較的早い」、昔は地価の安い地域に住む人が多かったが、今は「出世したら湾岸のタワーマンション。そうでなくとも都内の知名度の高い駅に住む」人が多いという。

そういう恵まれた人たちにとっては、たとえば子どもの貧困問題といっても、担当部署以外の人はピンと来ないようだ。

ただし、公務員バッシングをするのが私の目的ではない。今、消費者が欲しいのはモノではなく、高齢社会の進展の中での将来の安心と安定だ。だから、以前よりも行政の仕事に対するニーズが拡大している。自動車や冷蔵庫を買うよりも、地域とのつながりや親の介護、子どもの保育園が大事なのだ。そういう社会のニーズに応える行政の仕事には、飽和した市場で不要な商品を売る民間企業の仕事よりもやりがいがあると感じる人が増えているのではないか。

しかも、残業も少なく、夫婦共働きもしやすい。だったら民間企業よりも公務員になろうとするのは当然だし、おそらく昔より良い人材を公務員に集めやすくなっているはずだ。

だが、新しい技術を開発し、新しい商品をつくり、外貨を稼ぐことのできる民間企業に行くことに魅力を感じる人が減るのは問題だ。公務員は税収を使うのが仕事だが、税収の元となるGDPを稼ぐのは民間だ。だから公務員には、待遇の良い分だけもっと良い施策をもっとスピーディーに実行しろという声が高まるのは間違いない。逆説的だが、公務員になるのがばかばかしいと思えるくらいに、民間企業が元気になり、給料が上がるような施策が必要だ。

他方、考えてみると、今は、公務員が昔よりやりがいのある仕事になっているかもしれないとも思う。よく言われるように若者の関心が消費からソーシャルなことに変化している。消費がよろこびだった時代なら、消費を喚起する仕事が面白い。メーカー、百貨店、広告などの業界は特に面白かっただろう。

だが今は、高齢社会とか働き方改革とか環境問題とかフェアトレードとか、そういうソーシャルなことに若い世代の関心がある。とすると、一般企業よりも公務員のほうが、そういう仕事ができる可能性が高いかもしれないわけだ。

そう考えると、公務員になることが以前よりも意義のあることに思えたとしてもおかしくない。子どもが公務員になりたいなんて夢がない時代だと嘆く人もたくさんいるが、そうではないのかもしれないのである。

草食系上司

草食系男子という言葉を聞いた時、すでに「おじさん」である私としては、やはり少し情けない感じがした。しかし、よく考えると、自分も若い頃は草食系だったなと思う。昔と今の違いは、昔は草食系男子でも肉食系を目指さないといけない、せめて一時だけでも、がんばって肉食系を演ずるべきだという風潮があったということ。今はそれがあまりないのだろう。

と同時に、草食系男子を女子自身が望んでいる面がある。女子は男子と反対で、昔は、草食系であるように演ずるべきだという風潮があった。そうしないとお嫁に行けないからである。だが、今は、肉食系女子は肉食であることを隠さないで済むようになったようだ。

肉食系女子は肉食系男子を好むのか、草食系男子を好むのか。また、草食系女子は肉食系男子を好むのか、草食系男子を好むのか。これはよくわからない。だが、かつては高学歴、高収入、高身長の「三高」が結婚相手の男子に求める条件だったのに、近年は、低姿勢、低依存、低リスクの「三低」が条件になったという噂もある。低リスクとは、リスクの大きな職業についていないということなので、三高と同じじゃないかと私は思うが、低姿勢とは、女子に対して上から目線で接しないこと、低依存とは、家事を女子に依存しないことだという。

肉食系男子は昔ながらの「風呂、飯、寝る」の亭主関白になりそうで、低姿勢、低依存とは言い難い。それに対して、草食系男子は、風呂は自分で沸かすし、飯は自分で作るし、眠くなれば一人で寝て、女子に迷惑をかけないイメージなのだろう。だとすれば、働く女性が増える今後は草食系男子こそが求められるのだろう。

ＪＴＢグループの人事コンサルティング会社、株式会社ジェイティービーモチベーションズが全国の二十歳代から四十歳代までの働く男女六一八人に対して行った「「仕事」と「恋愛」に関するモチベーション調査」によれば、女性が「恋人にしたくない」男性のタイプの一位は「出世志向タイプ」で32.7％。特に四十代の女性は47％が「出世志向」を恋人にしたくないと答えている。

逆に「恋人にしたい」のは「仕事を楽しむタイプ」がダントツで36％。「出世志向タイプ」は1.9％のみ。

私が二〇〇九年に十八〜二十五歳の女性に行った調査でも「彼氏にしたい男性のタイプ」は「ほっとする」が73％で一位、以下「笑顔がステキ」「明るい、前向き」「おもしろい」「自分の気持ちをさっしてくれる」「私の話を聞いてくれる」などと続く。これは多くがかつて男性が女性に求めたもののように思える。

2 都市・地方

みんなここでは退屈を知らないある国際的大ホテルの話

ある国際的な大ホテルの話。と言っても、つい最近まではただの大規模なホテルに過ぎなかったのだが、ここ三、四年の間に改装に次ぐ改装を繰り返し、急速に日本の、いや世界中の注目を集める人気ホテルになった。そもそもホテルとは宿泊施設だが、このホテルくらいのクラスになると、単に宿泊だけではなく、セキュリティが良く、行き届いたサービスが享受でき、高級なショッピングゾーンがあり、たくさんのレストランやバーやディスコがあり、プールやテニスコートなどのレジャー・リゾート・アミューズメント施設も十分完備された、極めて多機能的・複合機能的なものでなくてはならないのは当然だ。

特にこのホテルは、以前からセキュリティの良さでは定評が高かったが、改装後はいっそう客層が洗練されたので、若い女性一人でも安心して長期滞在ができ、リッチでおしゃれな気分が満喫できるという。

もちろん深夜までバーでお酒を飲み、ディスコで踊り狂うようなことがあったとしても、危険はない。外国人客の数がかなり増えたのも最近の傾向で、なぜか外国人客と若い女性客の数は正比例しているようだ。

いくつもあるレストランのシェフの腕が、それぞれ確かであることは言うまでもないが、ルームサービスが運んでくれる食事も時間がかからず、しかも最近はますます多様化・高級化していて、簡単なパーティくらいなら部屋の中で開けるのが、グループで来た客にたいそう評判が良い。客は居ながらにして「グルメな気分」を味わえるというのがもっぱらの噂である。

また、毎年大体夏から秋まで、庭に野外レストランが作られるが、これもビヤガーデンのような安っぽいものではない。有名なクリエイターがオリジナルにコンセプトを練り、インテリアや外観にも一流のデザイナーを起用して工夫を凝らし、毎年違う店を作るのである。これだけのレストランが秋には取り壊されるというのだから、話題性も十分で、たくさんの人達が一目見ようとやって来て、毎日長蛇の列を作っている。

もちろん食事以外のサービスも充実している。郵便の受取りやクリーニングは当たり前だが、下着のクリーニングまでやってくれるそうだし、しかもすべてのサービスが二十四時間体制で行なわれている。だから夜中に何が起きても、急に何かが必要になっても、まず慌てる必要はない。

また改装によって、本格的な劇場が併設されたのも大きな特長だ。世界中から招かれたアーチストたちによるコンサートや演劇・ミュージカルが夜ごと繰り広げられ、客たちは着飾ってそこへ出掛けていく。やはりホテル内にある小ホールでは、ニューヨークやパリの流行の最前線から直輸入された「トレンディ」なパフォーマンスなども積極的に上演しているから、狭い部屋の中で退屈しがちな客たちを飽きさせることはない。

いや失礼。部屋の方も退屈どころではない。趣味の良いヨーロッパのアンティーク家具がしつらえられた部屋は特に人気があるが、エコノミークラスの部屋でも、必ずソファが置かれ、壁には趣味のよいイラストレーションが掛けられている。だから部屋から出ずに一日中のんびりと過ごすこともできるというのがホテル側の触れ込みである。

実際このホテルに行ってみると、たしかに快適で面白い。ついつい長期滞在になりがちで、一度泊まるとまた来たくなるという噂もまんざら嘘ではなさそうだ。聞くところによると、地方からやってきてこのホテルに泊まった若い女性のなかには、すっかりこのホテルが気に入ってしまい、予定を延長していつまでも家に帰らなかったり、お金をためては毎月のように泊まりに来る者が多いという。

さて、この人気ホテル、その名は「東京」という。

世界都市

近ごろ「世界都市・東京」という言葉をよく耳にする。が、流行語の常として、言葉の意味がよくわからぬまま使われている節がある。

「世界都市」という言葉を初めて使ったのが誰なのかも知らないが、経済学者のフリードマンの一九八六年の論文「世界都市序説」が世界都市研究の先駆であるらしい。フリードマンによる「世界都市」の規定は、①その都市の経済が資本、労働、物のグローバルな市場システムにリンクしている。②世界資本の基地として利用されるため、復雑な空間的階層の中に位置づけられる。③都市の成長の駆動力が、国際金融、世界的輸送・通信、広告・会計・保険・法律等の高次事業サービスなどにある。また、イデオロギーの浸透と管理も重要な補助的機能であり、情報、ニュース、娯楽、その他文化的創作物の生産と普及のセンターである。④国際的な資本の集中・集積の主要な地点である。⑤国内的及び国際的に多数の移住者がその都市を目指す。以上の五点である。

この規定は基本的に経済的な観点から行なわれている。したがって「世界都市」は国家の経済力の前哨基地として現われるに過ぎず、国家に従属している。しかしまた一方で、フリードマンは「世界都市」の持つイデオロギーと文化に関する機能を忘れていない。

たしかに「世界都市」を生み出す最初の契機は、その都市が属する国家の経済力である。が、国家が国際経済上のヘゲモニーを失ってもなお、世界的な存在理由を保ち続ける都市こそ、僕達は「世界都市」と呼ぶのではないか。そうでなければ、その都市は単なる「国際金融都市」に過ぎない。

僕達が今でも、「世界都市」という言葉から、ニューヨークやロンドンはもちろん、パリやウィーンやベルリンを連想するのは、そこが金融センターだからではなく、それらの都市がつねに都市・生活・文化に関する情報を世界に対して発信しつづけているからに他ならない。「世界都市」は、国家の日が沈もうと昇ろうと、そこに相対的に自立している。「世界都市」は、それ自体が一つの固有の「価値」であり、またその価値を基準とする「批評」、あるいは「偏見」そのものである。その意味で「世界都市」は国家と等価な存在である。

しかし「世界都市」が国家と異なるのは、それが特定の民族によって占有されず、むしろまったく逆に、世界中から集まった不特定の人間たちが交差する「関係」そのものとして存在するという点である。東京が「世界都市」であるか否かは、まさにそのような視点から問われねばならない。

生活都市

一九六〇年代、七〇年代、八〇年代という三つの時代を見渡すと、六〇年代は都市の時代、七〇年代は地方の時代、八〇年代は再び都市の時代であったと言うことができるのではないかと思う。

六〇年代が都市の時代であると言う理由は、単純に都市への人口集中が激しかった時代であるという程度の意味である。東京を中心として日本中の都市、あるいは農村が、「東海道ベルト地帯」などという、生産のためのネットワークによって緊密に結び付けられたのがこの時代なのである。したがって、この時代は、同じ都市の時代でも「生産都市」の時代であった。

七〇年代は、こうした六〇年代における急速な都市化の矛盾が露呈したことに対する反省の時代であり、「ディスカバージャパン」「のんびり行こうよ」といった広告や「狭い日本、そんなに急いでどこへ行く」といった交通標語などに象徴されるように、自然志向、田舎志向、エコロジー志向が台頭し、どちらかと言えば地方が見直された時代ではなかったかと思う。実際に「地方の時代」という言葉が提唱されたのは、一九七九年、当時の大平首相によってであったが、そうした発言が出てこざるをえないような気分が七〇年代には一貫して流れていた。ところが八〇年代は再び都市の時代であった。しかもその都市の時代は、六〇年代のような「生産都市」の時代としてではなく、逆に「消費都市」の時代として現れたところに、その特徴があった。

つまり八〇年代の都市においては、そこに行くことによって職を得、働き、収入を得るという生産機能ではなく、そこで何を食べ、何を着、何を楽しむという消費機能の方が強まっていた。

それはしかし、新しい流行や風俗がいくつも現れたという意味だけでない。建築物や、あるいは街そのものまでもが、トレンド情報として流通し、消費され、飽きられ、捨てられるという状況が現出したところに、この八〇年代という時代の怪物的性格はあったのだ。

九〇年代は、こうした八〇年代に対する疲れと反省の上に立ち、「消費都市」に代わる都市概念を求めるだろう。それを私は個人的には「生活都市」という概念で考えられないかと思っている。今はまだその内実はまとまっていないが、ただ、余暇生活の充実や家庭生活の見直しが叫ばれている現在、生産と消費の適度なバランスの上に立った生活の豊かさを実現できる都市、という抽象的なコンセプトだけはできている。

が、そう言ってみたところで、そもそも「生活」という概念の内実がそれほどはっきりとわかっているわけではない。いや、それどころか、「生活」という言葉が、消費社会を読み解き、あるいはそれをさらに推進する、便利で空虚な記号《キーワード》として、ほとんど異様と言っていいほどもてはやされているというのが――かく言う私も、そういう時代の御先棒を担いできた一人だが――現代という時代の傾向である。

それはともかく、我々の生活が現在、その内実を失っているとすれば、それはまず、生産や労働が我々の生活の中で物理的に占める割合や、あるいはその意味そのものが、急速に低下してきたからである。しかし、ただ生きるためだけに働いたり、住宅費や教育費を捻出するために働くというリアリズムに代わって、今、我々が手にしているのは、遊ぶために働くという一種のニヒリズムか、生きがいとやりがいを求めて働くという、ほとんど共産主義的と言ってよいほど美しくもオプティミスティックなユートピア思想の現代版である。いや、たしかに、現代の日本の社会は、そこまで高度な発達を遂げたのかも知れぬ。

また一方、我々の「生活」の内実の空疎化のもうひとつの原因は、我々が、メディアを通じた情報の受発信によってすべてが良好に機能する、高度にサービス化された都市の住人になってしまった、という点にある。そうした都市は、すでに「近代都市」をも超越した「ポストモダンな都市」であるとさえ言われもしている。それが嫌だと言ってみても、郊外の家庭菜園の土をいじくれば、かつての生活が回復できるわけではない。それでは、山奥に自分で丸太小屋を建て、火をおこしてバーベキューを食べようかなどと考える人もいるが、そんなものは都市の矛盾を地方に押し付ける都会人の勝手にすぎない。(私は、こういうアウトドア指向を新しいライフスタイルとして提案しつづけてきた有名な人物と、ある雑誌で対談したことがあるが、彼には、自分の行為の内包するそうした矛盾に対する自覚がまったくなかった。私は彼が、「都市生活」と「田舎暮らし」を適当につまみ食いする、ただのでたらめな人間にしか思えなかった)。

我々が考えなくてはならないのは、近代が生み出した産業優先の都市を、いかにして生活を軸とした都市へと変換するかという問題である。私が、「都市生活」ではなく「生活都市」と言うのは、そうした理由からである。

住宅都市

昨今は「経済大国から生活大国へ」というわけで、これまで不十分だった住環境を整備し、余暇時間を増やし、リゾートを開発しようという議論が活発である。特に東京に生活する者にとって住宅問題は重要である。海部首相は首都圏に向こう十年間で百万戸の住宅を整備するという。それはそれでけっこうな話には違いないが、一体どのような住宅をつくろうというのか——。

私がかつて所属していたマーケティング雑誌「アクロス」では、今からちょうど四年前に「第四山の手」という概念を提示した。東京の西南部三十キロ圏の、多摩市、町田市、横浜市緑区などを中心とする住宅地は、もはや単なるベッドタウンではなく、新しい山の手ではないか、二十年余の歳月によって、それらの新興住宅地もようやく成熟の段階に達したのだ、というのが「第四山の手論」の主旨である。

もちろんその「新・山の手」の一部である多摩ニュータウンの入居が始まったばかりの昭和

四十年代後半に、かの地が受けた惨憺たる評価については今さら多言を要さない。が、我々はまだそうした大規模ニュータウンを「非人間的」として斥けるだけの代案を持っているわけではない。もしニュータウンの成熟までに要する二十年を長すぎるというのであれば、我々は改めてまったく新しい住宅地の概念を構築しなければならぬ。

たとえば現在のニュータウン、あるいは高層住宅の持つ特徴で、今後最も検討されるべき問題は、そうした住宅に住む人間の年齢・収入・家族構成などがほとんど一律になってしまう点ではないかと思う。この傾向は、まず物理的かつ心理的な閉塞感を住む者に与えるし、三十年もすればそのまま老人だけの街になってしまうという問題を持っている。

また、小さな子供のいる核家族にとって高層住宅は危険なだけでなく、こどもの精神的発達を阻害する。だから、こどもや老人のいる家族は、外にすぐ出られるように低層階に住み、体力があり夜遅くまで帰ってこない若い共働き夫婦などは高層階に住む、というような形が望ましいのではないかと思うのだが、現在はまだそういう提案はされていない。思うに、これまでは業務、商業を中心として都市がつくられ、住宅はそれに従属する形で都市の周辺に配置されてきたにすぎない。今後必要なのは、都市から自立しつつ、都市的サービス機能を十分に享受できるような「住宅都市」という概念ではないだろうか。

都市の記憶のために

八十年代の後半は、東京改造の嵐が荒れ狂った。古い住宅や商店は、まさに木々が嵐でなぎ倒されるように取り壊され、新しいビルに建て替えられた。勝手なもので、それまではただ古くさく見えていたにすぎないそれらの建物が、いざ地上げされ消えていく様を目のあたりにすると、なにか貴重な財産が奪われていくように思われる。我々は重大な過ちを犯しているのではないか、そういう感覚にさえ襲われる。

もちろん、古い木造住宅の密集は、防災上の一点からしても、早く是正されるべきであり、そういう意味で、今回の東京改造は、いささか強引には過ぎたが、必ずしも間違ってはいない。いや、都市開発、街づくりというのは、幾分かは強引に推し進められなければ、いつになっても完成するものではない。昔を懐しんでいるうちに、大地震でもあったらどうするのか。そうなれば、都市計画の立ち遅れが批判されるのは目に見えている。

だが、もし都市計画が、本当に計画であろうとするなら、バラ色の未来像が描かれるだけではまったく不十分であって、都市の過去の記憶に対する配慮もまた必要なのではないだろうか。

あらためてそんなことを考えたのは、「モースの見た日本」というテレビ番組のためである。モースは、明治十年に「お雇い外国人」として来日したアメリカの動物学者で、ダーウィンの進化論の紹介や大森貝塚の発見をしたことで知られる。

彼は日本各地をフィールドワークする調査活動の中で、三万点にものぼる民具を収集しており、それらは今もアメリカの博物館に保存されている。その収集は、一般庶民が日常的に使っていた道具ばかりであるため、かえって日本には残っていないものが多い。モースは、近代化の道を突き進もうとする日本の将来を見通し、「この国のありとあらゆる物は、日ならずして消えうせてしまうだろう。私はその日のために日本の民具を収集しておきたい」と書いているという。

都市計画において、東京がまだ近代化を達成していないことはたしかである。超近代的なインテリジェントビルと古い街並の混在に東京の魅力があるという見方もある。が、遅かれ早かれ、東京は高層ビルの乱立する都市になっていくだろう。その時、現在の我々の生活を構成する多くのモノが、まったくどこにも残っていないとしたら、やはり寂しいに違いない。その日のために、何らかの作業を始めなければならないように思う。

「都市産業博物館」のすすめ

アメリカのワシントンD.C.にスミソニアン博物館という有名な博物館がある。といっても僕は見たことがない。が、是非一度早く見てみたいと思っている。不勉強のため知らなかったのだが、このスミソニアン博物館というのは一つの博物館ではなく、「自然史博物館」「航空宇宙博物館」「芸術産業館」「アメリカ歴史博物館」「肖像美術館」等の十六の施設から構成されており、それらがポトマック川河畔のホワイトハウスと国会議事堂に挟まれた一帯に立ち並んでいるらしい。

これらの博物館の中で今回僕が特に注目したいのは芸術産業館とアメリカ歴史博物館である。芸術産業館は一八七六年にアメリカ建国百年祭の開催のためにつくられたもので、当時の展示内容がそのまま現在でも見られるので、当時のアメリカの生活を垣間見ることができる。

また歴史博物館には、野球などのスポーツやマンガのキャラクターにまつわるものを集めた「ネイション・オブ・ネイション」という、いかにも大衆文化の国アメリカらしいテーマギャラリーがある。そこにはベーブ・ルースの着ていたユニフォームやモハメド・アリのボクシング・グローブ、それにクリス・エバートのラケットまでもが展示されているという。

で、こういう博物館が日本にも欲しいではないかと思うわけである。日本では文化を非常に権威主義的にとらえる傾向がまだ強い。だからこれまでは、博物館といえば歴史的に評価の定まったものしか展示されなかった。「博物館行き」といえば時代遅れの役立たずということであり、かび臭いイメージが強い。逆に、スミソニアン博物館がクリス・エバートのラケットまで展示するのは、アメリカが歴史のない国であることの証明ではある。しかし日本であれアメリカであれ、都市大衆文化の発達した国においては、それにふさわしい博物館のあり方が追究されなくてはならないはずである。

最近は「文化」とか「生活」という言葉が流行し、日本の伝統的な文化の再評価も盛んである。しかし歴史だ文化だというとすぐに近代以前にまでさかのぼり、茶道でも始めようかというのはむしろ軽佻浮薄である。文化は古い伝統の中にしかないのではない。明治、大正はもちろん、昭和も、そして戦後という時代だけでも、またすでに五十年近い歳月を重ね、壮大な博物館が必要なほどの事物が生産され消費されてきたのである。それらのものは大量生産され使い捨てられるものであるがゆえに、通例「文化」とは見なされない。が、僕は僕自身のアイデンティティのためにも、大量消費文明の中で生まれては消えた様々な事物を、フローとして楽しんで終わるだけではなく、将来の生活文化史の証言となるべきストックとして保存しておきたいと思う。それが都市大衆消費社会の発達という時代に生を受けた人間の偽らざる感情ではないか。

日本人の長い歴史全体が流されてしまうような恐怖

東日本大震災は阪神・淡路大震災と比べても多くの日本人を突き動かしているように見える。その理由はいくつか考えられる。

まず、ツイッターなどの情報手段の普及。阪神淡路大震災によって携帯電話が緊急時に有効であることがわかったが、今回の震災ではツイッターの有効性が証明された。そのため、短時間で多くの人々に事態の深刻さが伝わり、共感の輪、支援の輪が広がりやすかった。

また、日本人の中にボランティア、NPOが定着していること。阪神淡路大震災はボランティア元年とも言われるほど、全国から若者を中心に多くのボランティアが集まり、復興支援を行った。その後の中越大地震でもボランティアの活躍が話題になった。そういう過程の中で、日本人の中にボランティア、NPOなどの市民活動が日常化してきた。そのことが東北大震災の支援、復興に対して広汎《こうはん》な人々の参加を促した。

しかし、これら二つの理由は、特に東北だからこそという理由ではない。東北の被災がこれほど多くの日本人を突き動かすのはまた別の理由があるだろう。

その第一としては、東北が東京に地理的、文化的、歴史的に直結しており、東北出身者が東京圏に多く住んでいるということがある。「おしん」の時代から、中卒、高卒の若者が「金の卵」と呼ばれて大量に東京に集団就職してきた高度成長期までの長い歴史がある。

私の親しい知人の中にも、石巻出身で、親、親戚の家がすべて流された人がいる。いわき市在住の知人は放射能を恐れて家族で移住を考えている。自分自身は東北出身者でなくても、東北に知人を持つ人は東京にはたくさんいるはずだ。それがこの震災を、少なくとも東京在住者にとっては阪神淡路大震災よりも切実に感じさせていると思われる。

第二に、東京の生活が原発を初めとして東北に支えられていることを、東京で暮らす人々が非常に強く意識したことがあるだろう。私も、東北に多くの生産拠点が立地していることを知ってはいたが、世界の製造業が生産をストップせざるを得ないほど貴重な部品をつくっている企業が、これほど多く東北にあるとは知らなかった。私のような著述業に不可欠な紙とインクを製造する大拠点も東北にあったとは、恥ずかしながら初めて知った。タバコの生産も東北に依存しているとは知らなかった。そしてもちろん農産物や海産物。東京の暮らしは東北なしにはあり得ないことを初めて実感したという人がほとんどだろう。

それはまるで、仕事のことしか考えずに生きてきた会社人間の男性が、彼を支える妻の存在を空気のように当たり前だと思っていたのに、定年後にいきなり妻から三行半《みくだりはん》を突きつけられて腰を抜かすのと似ている。あるいは妻に先立たれて、自分ひとりでは何もできずに、後を追うように死んでしまう夫に似ているとも言える。つまり東北は東京のためにシャドーワークをしていたのだ。東京は東北に支えられているのに、そのことを知らずにいたのである。そのことに対する引け目のようなものも東京人にはあるかも知れない。

第三に、東北人の中に最も日本人らしい強さを感じる人が多かったのではないだろうか。苦難に耐える粘り強さ。お互いが助け合う力。避難所暮らしをしているのにテレビに向かって「元気にしているから、心配しなくていい」と語る、人に迷惑をかけることを嫌う精神。自然の脅威にさらされながら、それでも自然を愛し、自然と共に生きようとする気持ち。それらの態度が、われわれが日々の都会の暮らしの中で忘れがちになっている日本人の心の奥底の「美徳」を呼び覚ましてくれているようにすら思える。

阪神淡路大震災では、神戸という近代的な都市が破壊された。しかし東北大震災では、縄文以来の日本人のルーツである東北、広葉樹林帯が四季と共に美しい変化を見せる東北、豊かな農地と漁場を持ち、われわれの食文化を支える東北、伝統的な地域共同体が残っている東北が、恐るべき津波に流されたのである。だからわれわれは、まるで日本人の長い歴史の全体が流されてしまうような恐怖を無意識に感じたのではないだろうか。

現代生活の脆弱さ

私の実家は新潟県上越市の近郊に昭和三八年に田んぼを埋めて開発された団地である。大きな川に近い低地にあるため、以後二十年間で四回も床上、床下浸水にあっている。最初は入居からわずか二年後、台風で増水した川の堤防が決壊し、私たち家族四人は伯父の家の六畳一間に一ヶ月間ほど暮らすことになった。3・11の被災者とは比べものにならないが、家を買ってからわずか二年後に家が泥流に飲まれることになった両親の気持ちを察すると今さらながら心が痛む。私の家はフクタイキョウ団地といって、子どもの頃は何の意味だかずっとわからなかったが、つまり、小さな子どものいる若い夫婦のために福祉対策協議会の資金でつくられたのだ。それがこの有様だ。だから、今回の震災でも、どんな人がどうやって手に入れた家が流されたのかが気になった。

なぜ危ない平野部に住んだのかという意見もあったが、新幹線の窓から見ると、被災地に限らず、日本中の平野部を家や工場や商業施設が埋め尽くしている。だが人々は平野が好きだから平野に集まってくるわけではない。第一の理由は二十世紀の人口増加である。増えた人口に対して住宅を提供するには平野部の開発が必須だった。第二の理由は雇用である。農林業などでは食えなくなった、あるいは、もっと高い所得を求める人たちが、職を求めて平野部に移り住んできた。第三の理由は進学である。ほとんどの大学、進学校の中学や高校は平野部にあるからだ。

このように考えると、近代という時代は平野を欲するのだと思えてくる。近代日本は開港から始まる。そのまわりに貿易会社や工場ができる。小学校レベルの地理の知識で言えば、日本は加工貿易の国だから、海外から原料を輸入して、加工してまた海外に輸出する。だから、港のまわりに工場ができる。工場は大量の水を使うので、河口近くがよい。そこに倉庫もできる。鉄道もできる。道路もできる。そこで働く人々のための団地もできる。学校もできる。何であれ、平野部、沿岸部の方が都合がよいのである。もちろん原発もそうだ。

原発の問題もあり、今回の震災はわれわれ自身の生活のあり方を根本から問いなおす契機となった。濁流に押し流されて木の葉のように浮かぶ無数の自動車。あれを見たら、相当な人たちが物質文明の限界、物を買うことの空しさを感じたであろう。現代の消費文化は物質に溢れているからこそ、むしろ脆く、復旧が難しい。

私は新潟県で農村的な生活を見て育ったのでわかるが、昭和四十年代くらいまでは、人々は農民でなくても、自分で食べる物くらいは、かなりの部分を自分でつくっていた。秋に収穫した米で餅を作り、柿を干し柿にし、大根や白菜を漬け物にし、鮭を塩引きするなど、多様な保存食を冬になる前に蓄えておく。そして長い冬をしのぐのである。それで餓死した人などいない。それは何百年も、もしかすると何万年も持続してきた生活である。

ところが最近は新潟県でも大雪が降ると避難生活をする。新潟県人がなぜ大雪くらいで避難するのかと私は訝しく思う。もちろん高齢者が増えたからだろうが、それだけではない。新潟県の生活が自足的でも持続的でもなくなっているのである。新潟でも（東北でもそうだろうが）、全国チェーンのスーパーやコンビニやショッピングモールが幅をきかせている。都会的な暮らしに憧れる人々は次第に昔の暮らし方を捨てて、テレビＣＭをしている食べ物を買うようになった。しかしこれらの食べ物は、大雪が降って道路が十分に使えなくなると店に並ばなくなる。こうして昔よりも生活の持続可能性が減少したのである。

他方、今回の震災ではツイッター、フェイスブックなどの文明の利器が非常に役だったことも間違いない。マスメディアでは「大本営発表」とはこれかと思わせる政府、保安院、東電の会見が繰り返されるだけなのに、ツイッター、フェイスブック上では、安否確認や被災者を支援する情報が流れ続けた。行政や大企業に頼らずに、国民自身が自分の力で、自分のネットワークを活かして、素早く社会的な事業を興すことができるようになったのである。まさに「新しい公共」の主体が育っていると私には思えた。国民はお金をどう使うべきかを自分なりに考えて決定する能力を持っているし、決定したいと思っているのだ。従来は国民の稼いだ所得をシェア（分配）する役割は行政にあった。行政はシェアをフェアに行うべきであり、行うはずだと信じられていた。ところが行政のシェアの仕方に問題があることがわかってきた。だったら自分たちでシェアの方法を考えますよ、と考える国民が増えたのである。政治はたよりにならないが、国民はたよりになる。それは日本に「市民」が誕生しているということである。そのことを私に気づかせたことが、3・11の「成果」であった。

「理想の家族」の不在を戯画化する『間取りの手帖』

『間取りの手帖』（リトルモア／ちくま文庫）という本が売れている。著者は慶応大学の学生（現在は卒業）で、女性。二〇〇三年四月に出て、その年の末には四刷十万部である。出版不況の中、しかもさして大きな宣伝もしていないのに、これはただならぬ数字だ。

私は当時京都の美大の講師をしていたが、そこに岐阜の書店でバイトしている女性がいた。彼女によると、彼女の勤める岐阜の書店でも『間取りの手帖』は平積みになっているという。情報は東京だけだが、読者は全国区らしいのだ。

内容は、東京圏の賃貸住宅情報誌から著者が「これは変だ」と思った間取りを抜き出し、それぞれの間取りにひと言コメントを加えただけという、いたってシンプルなもの。間違いなく考現学の本である。考現学とは昭和初期に早稲田大学建築学科教授の今和次郎が創出した学問。古代の社会を考える考古学ではなく、現代の社会を考えるから考現学という。しかしその手法は、思想や理念によってではなく、考古学同様あくまで物を通して社会や生活を語るのである。

しかし、あえて強引に分析すれば、この『間取りの手帖』は、家族や家庭というものに対して一切の期待や幻想を抱かない時代だからこそヒットしたといえる。

この本に登場するのは、いわゆる夢のある間取りではない。住宅メーカーが宣伝するような夢とはまったく対局にある間取りだ。かといって、家族社会学的な視点を持った建築家の提案するジェンダーフリーだかなんだか理屈の多い家の間取りとも違う。ただ単にそれは夢がなく、思想も理屈もない。自然発生的に変な間取りなのである。

言い換えれば、『間取りの手帖』のなかにある間取り図から感じられるのは、よい家族がよい間取りの家に住んでいるというのでも、進んだ思想の家族が進んだ間取りの家に住んでいるというのでもない、適当に壊れた家族や個人が、適当に壊れた間取りの家に住んでいる、みんなそれぞれすこしずつ変なんだから、間取りも変なんだよ、といった一種アイロニカルな、しかしすがすがしい価値観だ。

だから、こういう本が売れるということから想像されるのは、一面では、画一的なよい家族、よい家庭、よい親子といったイメージに縛られている人がたくさんいるということであり、他方では、そうしたイメージとは少しずつずれてきた家族の現実を、ありのままに受け入れる人が増えているということではないだろうか。

銀座

私と銀座の関わりは薄い。申し訳ないが、銀座の老舗で買い物をしたことが皆無なのだ。伊東屋と老舗とは対極のセレクトショップによく行ったのと、海外ブランドの靴屋で一度買ったことがあるだけ。地方出身で大学が三多摩、就職した会社は渋谷が拠点、となると、東京都内に四十年も住んでいるのに銀座は縁遠い。

だから私に銀座のエッセイを書かせるのは間違いであると、最初は依頼をお断りしたが、それでも何かあるでしょう、別に銀座らしくなくていいです、と言われて考えた。

そうだな。銀座というと、地方出身者はテレビで見るだけの街だった。記憶をたどると一九六〇年代にテレビに映る東京の繁華街は銀座だけだったのではないか。新宿はフーテン、シンナー遊びの街として映るだけだったし、渋谷も池袋も見た記憶はない。ただ銀座だけが華やかな東京の魅力を代表する街としてテレビに登場していた。

おそらく森永キャラメルのネオン塔がいちばん有名で、グループサウンズのタイガースが回転するネオン塔の上に乗ったコマーシャルが印象深い。歌謡曲にも「二人の銀座」「たそがれの銀座」など、たくさん歌われたし、テレビドラマでも銀座が舞台だったり、銀座とおぼしきバーの場面が多かった。銀座イコール花の都・東京だったのだ。

そういうふうにテレビでしか見たことがない銀座と私との最初の関わり。思い出すと、それは中古レコード店のハンターである。数寄屋橋ショッピングセンターとソニービルに一軒ずつあった。ソニービルにあったことは記憶がおぼろげだったが、最近たまたま田舎の家の倉庫を整理していたら、そこに眠っていた雑誌「ローリングストーン日本版」にちゃんとハンターの広告が出ていた。

ハンターに初めて行ったのはおそらく大学一年生のときだ。ロックのLPを見に行ったのだと思う。ハンターは当時テレビ広告も打っていたが、それはLPを大量に買い取る店としての広告だった。だから私もLPを売りに行ったことがある。未成年だったので、売るには保護者の承認が要る。当時調布に住んでいた祖母に店員が電話をして確認してくれた。これがおそらく私の最初のリアル銀座体験である。実に銀座らしくない貧乏学生の話だ。

大学を出てパルコに入社した。パルコも一時期、小さい店だが銀座パルコという店を出していたらしく、驚いた。ついでにいうと、品川プリンスホテルのボウリング場の一角にもパルココーナーがあったらしい。

私の仕事は月刊誌「アクロス」の編集であったが、その雑誌は当時まだ発行部数三千部、そのほとんどがパルコのテナント向けであり、残りの千部ほどを都心、副都心の主要書店で販売しており、編集部員が自身で紙袋に詰めて納品していた。銀座では結構売れていて、旭屋書店、近藤書店、福家書店、教文館、イエナ書店などに納品させてもらった。電通など広告会社が多いので、銀座の書店では、だいたいどこも完売していた。

だが、私の入社するほんの三、四年前までは、納品に行っても返品が多く、行きも帰りも重い雑誌を抱えて歩くのは大変だったんだよ、それに比べると今は完売だから楽だよねえ、と先輩は紙袋を指でくるくる回しながら話してくれた。

私は銀座に納品に行った記憶はないが、おかげで銀座の書店には何となく愛着を持った。九〇年に転職したシンクタンクは大手町だったから銀座の書店には客としてよく行くようになった。特に、洋書が好きでイエナ書店にはよく行ったので、なくなったときは残念だった。

銀座と言えば高級グルメの街だが、これについても私の経験は覚束ない。シンクタンクの社員は銀座で遊ぶのかと期待したが、仕事人間ばかりで、銀座のぎの字も出なかった。

四十歳を過ぎてから、有名高級寿司店に二、三度行ってみたが、最初は緊張したなあ。寿司は高すぎるので居酒屋にたまに行くが、数寄屋橋近くの佃喜知《つくきち》と、新富町のほうだが魚竹が気に入っている。バーだとルパンが好きだ。薄暗い路地を入ると見える怪盗ルパンの顔の看板、ドアを開けて階段を下りる秘密な感じ、木の多い店内。いちおう物書きなので、太宰治がバーのイスに座っている有名な写真がルパンだというのも、好きな理由だろう。あ、そういえばパルコ時代の社長のお供で一度だけ高級クラブに行ったな。

というわけで、だんだん話が銀座っぽくなってきたが、これ以上書いても馬脚をあらわすだけなので、これくらいにしておく。

最後にひとこと。私は居酒屋に行く前に、銭湯に行くことが多い。体がさっぱりしたほうが食事もおいしいからだ。銀座では、金春湯か銀座湯。金春湯は、江戸時代から続いているそうだが、四時頃行くと、バーやクラブの男性店員と思しき男性たちが出勤前に入湯しておられ、なかなか異世界を味わえる。

私の銀座の話は、結局本と音楽と銭湯と居酒屋であり、中央線的学生とおじさんの生活を持ち込んでいるだけのようである。

かわいい都市

「かわいい」の反対語は何か──建築の世界では、それはおそらく「偉大な」でしょう。建築が偉大でなくてもいいと思われるようになったのは、わりと最近のことです。かつて建築は近代国家の建設に不可欠であり、権威を体現するものでした。ところが、経済大国となり、国が成熟してくると、建築は必ずしも偉大である必要はなくなり、むしろ偉大さや権威といったものが鬱陶しくなってきた。そうしたこともあってか、丹下健三さん以降、偉大な建築を目指す人が非常に少なくなったように思います。女性の建築家が増えたことも、その傾向に拍車をかけた一因かと思います。女性の建築家は、オフィスよりも住宅や内装など、ちまちましたことや内部へと関心が向かう。すなわち偉大な建築はつくらない。さらに、日本では伝統的に小さくてかわいいものをつくるのが得意であるということも、背景にあると思います。

では、かわいいとは何か？ 偉大の反対だから、「敷居が低い」「親しみやすい」「フレンドリー」「楽しい」「笑える」といった言葉が思い浮かびます。安藤忠雄さんの建築は、小さいものも多いけれど笑える建築ではないから、やはりかわいくはない。隈研吾さんが安藤さんの「住吉の長屋」を、「外に対して閉じている建築」と評していますが、まさにコルビュジェ的に中にすべてを入れ込んで、外と関わらない建築であり、それが「敷居の高さ」に繋がっている。

最近の若者が谷中などの古い町に住みたがるのは、外部に対して閉じていない感覚が親しみやすく、かわいいと感じられるから。それに比べると、六本木ヒルズは壁が厚くて、中で何をしているかわからないからかわいくない。東京のそこら中から見えるあの無骨な姿――まるで、男根のようにさえ思えます。表参道ヒルズも高級店ばかりで敷居が高いからかわいくない。六本木ミッドタウンも何度も行きたくなるような魅力はないし、疲れる。丸ビルや新丸ビルも、値段のわりに美味しいお店が少ない。都庁も、中に入ったらものすごくつまらない……巨大だけど中身がないんです。一方で、谷中や神楽坂や人形町などはどこからも見えないのに、一度入り込むと、カジュアルに楽しめて、居心地がいいし癒される。高円寺や吉祥寺にも通じるスカスカ感、風通しのよい感じが、今の若い人の感覚にマッチしているのです。

たとえば、二〇〇八年に私が出版した『igocochi』（三一書房）という写真集では、古い長屋とか、錆びた階段とか、汚いアパートとか、本来かわいいものではない町の風景を取り上げています。でも、ちょっと路地に入っても、階段を上っていっても誰も文句を言わないような、

人形町の銭湯

そういう閉じていない感じにかわいさがある。町と建築とそこにあるものの関係性の中からかわいいが浮かび上がってくる。「偉大さ」や「権威」というのは、関係性を拒否するからかわいくないのではないでしょうか。

ちなみに、以前、私が実施したアンケートでは、今の三十代以下の人に「シンプル」志向が強いという結果が出ています。たとえば、どのような家がいいか？という質問に対する選択肢として、「豪華」「ゴージャス」「スタイリッシュ」「力強い」などとともに、シンプルという言葉を入れたのですが、団塊の世代や昭和ヒトケタ生まれの人は、「モダン」「社会的」というイメージを好むのに、団塊ジュニア一九七〇年代生まれ）は、「シンプル」「素朴」を選ぶのです。逆に昭和ヒトケタ世代だと、「シンプル」「素朴」を選ぶ人は少ない。つまり、若い世代ほど、シンプルさを積極的な価値として理解できる。青少年期にオイルショックを経験した私（一九五八年生）以下の世代は、シンプルだけど質のよさが重要だということに気づいている。それはある意味、日本の伝統文化につながる思想なのだと思います。

江戸時代、徳川幕府は新技術の開発を規制していて、高い技術をもった人間が兵器などの軍事技術の開発をせず、その代わりにからくり人形や工芸品などをつくった。戦後の日本もそうですが、平和な時代になると、技術が民生品に投入されることで、文化が成熟していく。そして日本の場合は、文化が成熟すればするほど、小さくてかわいいものが愛でられる傾向にあります。

しかし残念ながら、かわいい兵器では戦争ができないのと同じで、かわいいものは、ファッションや生活雑貨ならいいけれど、建築や都市開発だと実現されにくい。ちなみにここで言うかわいいは、大量生産ができないような、ある質感をもったもののこと。手作り品や中古品、古着など、愛着をもって使い込まれ、色褪せたものが醸し出す質感に代表される、大量生産とは対極にある価値です。

これは、最近の若い人の車離れとも通底する話。車でいえば、現代の車の中で、かわいいという価値観で選ばれるものは、「キューブ」（日産）、「ラパン」（スズキ）くらい。そして、キューブやラパンが発売後なかなかモデルチェンジしなかったのは、そのデザインに根強いファンがいたから。ゆっくり走るイメージの車なんて昔ならマイナスだったけれど、それが似合うデザインだからこそかわいい。そして今、若い人、とくに比較的お金のある人たちが、かわいくてシンプルなものを好む傾向にあります。少し前だったら、車はＢＭＷで家具はカッシーナという高級でスタイリッシュでゴージャスなものに価値が置かれていましたが、今は、車は

「キューブ」で洋服や家具は「無印」でいい、という人が増えている。

企業の論理でいえば、そういう人が増えると困ってしまうのだけれど、さすがにモノが量的に飽和してしまった感がある。もうモノを見たくない、宣伝的な嘘に煽られて物欲を刺激されたくない、という感覚も芽生えている。だからテレビも見ないし、平気で田舎にＩターンもする。まだまだ少数ですが、そういう若者が増えています。

たとえば、六本木ミッドタウンで日本らしさをテーマにした食器を三万円で買うくらいなら、西荻窪の古道具屋で五百円の中古品を見つけて買ったほうが楽しい。吉祥寺でも西荻窪でも、オーナーが自分で店に立って自分が選んだ物を売っていますが、その個性が評価されているわけです。商業ビルのテナントのように、どこでも同じでは魅力はないですからね。大手デベロッパーが入れたいテナントはきちんと家賃を払ってくれる店であって、そこにオフィスで働く人に喜んでもらいたい、という気持ちがないからかわいくない。たとえば、宇都宮の１０９がなぜすぐに潰れたかといえば、カリスマ店員がいなかったから。１０９の本質は店員であって、モノではない。そのことを消費者のほうがちゃんと見抜いているのです。

今後さらに、強そうで偉そうな権威は廃れていくでしょうし、女性の建築家がますます増えていくと思います。それも、趣味で建築をやっています、といった感じの人が増えていくはず。逆に男性はやりにくくなるかもしれません。都市計画でも、男性なら理屈から入っていくけれど、女性なら、好き嫌いや五感の満足、自分が気持ちいいかどうかなど感覚的に幸せになれるかどうかを基準にするから、かわいい町をつくることができる。駅前には花屋があったほうがいいよねとなるし、面白い店を潰して、コインパーキングにしてしまうなんてこともない。その感覚はすごく重要だと思います。

ただ、最終的にはやはりそれが商売に繋がらないと続かないとは思います。たとえばアメリカのニューアーバニズムはちゃんと成功していて、シーサイドもヴィレッジホームズも、二十年で十〜二十倍にも値上がりした。その価値を認め、お金を出す人もいる。日本の場合は、その価値をわかる人と、お金を出せる人が一致していないところがある。税制の問題もあります。

そもそもかわいいがわからないという人も多い。確かにその意味を辞書的に定義することはできないでしょう。いうなれば、かわいいは、「I love it.」。かわいいは非常にコノテーションに富んでいるのです。そして決して上から目線ではない。

そう考えると、これから目指す建築は、三低がいいのかも。男性でも昔は、「高収入」「高学歴」「高身長」の「三高」がモテたが、今は「三低」（低リスク、低依存、低姿勢）がモテるらしい。建築もこれまでは三高志向でしたが、これからは三低。低姿勢（かわいい）、低リスク（低価格）、低依存（エコ）。ただ、できたときから三低というのは難しいかもしれません。むしろ三高だったものが時を経て三低になったときに、ますますその建築の価値が増すのかもしれません。やはりその根底には、ある程度の質の良さ、質感というものが必要なのではないでしょうか。

3 本と仕事の個人史

Snowflakes in Photographs
HOLBEIN
The DORE BIBLE ILLUSTRATIONS
By a Woman's Hand
Sale

●中学時代は本多勝一と遠藤周作を読んでました

僕の小学生時代はベトナム戦争が激しくなったころです。教師をやっていた両親は選挙で社会党に投票する人でしたし、五歳上の兄がいて、高校全共闘世代、村上龍とか、坂本龍一とか、大体それぐらいの世代。だから、僕も、政治・社会に対する意識というのは早く目覚めたと思いますね。

例えば一九六九年の東大安田講堂事件のときに、普通のサラリーマン家庭なら「バカどもが！」みたいな感じになるのだろうけど、兄は当然応援している。彼は七二年に大学に入るんだけど、ちょうどあさま山荘事件があって、受験直前なのにあさま山荘のテレビ中継をずっと見てた。中学時代から「朝日ジャーナル」取ってるような兄だったから。まあ、そういう中学生は、当時としては珍しくなかったかもしれませんが。

僕は従兄弟も含めていちばん年下なんですよ。だから全部上から情報が入ってきちゃうので、そういう意味では早熟な子だったと思います。中学時代は新聞記者になろうと思ってた。当時、ベトナム戦争反対というのがマスコミの役割っていうか、とくにうちは「朝日新聞」だったからね。だから、僕も中学時代は本多勝一とか読んでました。ソルジェニーツィンの『収容所群島』も読んだが、あまり面白くなかった。

そういうと随分政治的で硬い本ばかり読んでいたように見えますが、いちばん愛読していたのは兄の影響で北杜夫の青春記とか、あと、遠藤周作の『ぐうたら人間学』とかですね（笑）。それから邪馬台国とか騎馬民族説とか古代史ものが好きでした。それと当時流行していた日本人論もよく読みました。

職業については、小学校六年生くらいのときに情報化社会みたいなことがいわれ始めていて、自分でもなんとなく「僕は情報の仕事をする」って思いましたね。ただバカなのは、情報の仕事をするためにどんな大学でどんな勉強をすればいいかなんて昔の田舎の小学校六年生はわからないわけ。

で、たまたまテレビで千代田テレビ学院という専門学校のコマーシャルやってて、こういうところに行けばいいんだって思ってた。東大出て朝日新聞に入るとかそういうことは全く思わずにね（苦笑）。

中学校では新聞部。中三のときは社説と四コマ漫画と新聞小説と新聞小説の挿絵も全部書いてました。写真も撮ったなあ。作文も絵ももともと得意だったからね。新聞独特のレイアウトの方法もそのとき教わりました。

マンガは先生の似顔絵を描いて、その先生を風刺するというものでした。似顔絵が得意で卒業文集にも先生全員の似顔絵を描きました。

高校に進学してからも新聞記者になろうと思ってたんで、新聞の切り抜きはよくしていました。新聞の切り抜きは小学四年生の頃からよくやっていたんですが、後述する「アクロス」でも新入社員の仕事が新聞の切り抜きだったんだから笑っちゃいますね。

高校時代の切り抜きには人口問題、環境問題、都市景観問題などがあって、スティーブ・ジョブズの愛読した「ホール・アース・カタログ」についての記事もあった。だから現代的なテーマを集めていたんですね。今もスクラップが残っています。

それから、代官山の同潤会アパートを調査している若い研究者の記事があったんです。これが望月照彦さんで、望月さんはその後「アクロス」にも登場したんですよ。奇しき因縁でしょ?

●社会学って面白そう

大学は、社会学にしようと思いました。進学先を決めるにあたって、早稲田の政経だの法学部だの、慶応の経済だのって考えるんだけど、全然そういう学部にいる自分というのがイメージできなくて、たとえ入学できても全然うれしくないなと思っていた。早稲田の文系を全て受験するなんて人がいますが、信じられないですね。何がしたいという気持ちがないのか不思議です。志がなさすぎる。

さて、それで俺はどうすると思ったときに、たまたま自分の成績なら一橋の社会学部というのがあるということを知るわけです。

社会学って、なんだかわからないけどいいじゃないかと思って、大学のしおりを取り寄せてみると、都留重人《つるしげと》や中山伊知郎の名前くらいは知っていたし、なにより社会学部には社会心理学っていうのがあって、南博という日本に社会心理学を最初に輸入した人ですけど、名物教授がいて、今じゃ珍しくないけど当時テレビに出たりして、タレント教授のはしりで、そのゼミには昔、山本コータローがいて、卒論は吉田拓郎論だったとわかって、これはおもしろいなと思った。それで、社会学とか社会心理学をやろうと、高校二年のときに決めたんです。

翌年の春休みに新潟からわざわざ国立まで下見に来ました。国立駅のプラットホームに降り立った時、ちょうど大学通りの桜並木が満開で、見たことのない美しさだった。街に降り立つと街路も美しい。この街で学びたいと思いました。そのあと、大学や国立市の富士見通りや旭通りを歩きました。こんなにいい町で大学生活を送れるなら非常に幸せだと思いました。

しかし高校三年になって、模試の結果を見ると、一橋合格の可能性は5％。こりゃあだめかと思いましたが、あきらめずに勉強しました。僕は本番に強いせいか、合格しました。

●ニーチェとフロイトを読んで暮らす

ところが入学してすぐに五月病になりました。一橋大学は、商学部や経済学部が本流で多数派です。僕の親戚は教員が多く、絵描きや音楽家、建築家などの職業の人がたくさんいます。そういう家系なので、一橋の実学一辺倒の雰囲気になじめなかったんでしょう。

だって、当時の一橋の学生は、ワイシャツを着て、ボタンは一番上まで留めていて、銀縁眼鏡で、髪の毛は七・三で、十九歳のときから黒い革のかばんを持って、生協の前で日本経済新聞を読んでいるんです。要するに、銀行員や財務省の課長みたいな雰囲気です。

僕は、その雰囲気に馴染めず、不適応になってしまいました。それだけならいいですが、実際に銀行にお金をおろしに行っても、銀行には一橋の学生みたいな人ばかりいるので気持ちが悪くなったりしました。

それで、あまり大学に行かなくなりました。武蔵小金井と東小金井の間にある東京農工大学の近くのアパートに住んでいましたが、小金井からＪＲで国分寺に行き、西武多摩湖線に乗り換えるとき、多摩湖線は二十分に一本しかないので、一本電車を逃すと遅刻です。だから電車を逃したときは、あきらめて国分寺でコーヒーを飲んでアパートに戻るという暮らしをしていました。今風に言うとひきこもり気味だったんです。

だから大体毎日、朝の四時まで本を読んで、寝て、夕方の五時に起きて、駅前の中華料理屋で食事をするという、完全に昼夜逆転の暮らしをしていました。何の本を読んでいたかといえば、まずはショーペンハウエルです。あとはニーチェやフロイトとかですね。

母が哲学好きなところがあり、大学に行くとデカンショで暮らせるからいいなあと言うような人でした。だから僕は洗脳されて、そうか、大学ではデカルトとカントとショーペンハウエルを読むもんなんだと思っていました（笑）。

でもデカルトもカントも面白くなく、というか理解できず、ショーペンハウエルだけが面白かった。そこからニーチェを読み、西尾幹二を読み、福田恆存を読むことになったのです。

社会学というものも、教科書を読むと面白くないのです。当時はまだ面白い社会学の本というのはあまりなかった。ニーチェやフロイトのほうがはるかに面白い。社会学では宮島喬さんのデュルケーム研究は面白かったけど、なんといっても見田宗介さんが別格でした。

その見田さんが、『近代日本の心情と論理』という、大正、昭和の歌謡曲の歌詞を分析した本の文庫本（講談社学術文庫）のあとがきで面白いことを書いています。

先ほど書いた一橋大学の南博さんがアメリカから戻り『社会心理学』（光文社）という本を書き、新しい学問を日本にもたらした。見田さんはその本を図書館で見たとき、身震いするほど興奮し、霊感を感じたそうです。心理学なのに個人ではない。社会が語れる。これがとても鮮烈だったのですね。

ところが実際に社会心理学を学んでみると、それほどのことはないと見田さんは気づく。見田さんはそれでも幻滅しなかったと書いていますが、似たような経験は僕にもあります。社会心理学なんていっても、そこに書いてあることには、僕の祖母のように、まったく学問のない、最低限の読み書き算盤しかできなかった人間の人生観にも優るものは何もないと思われた。単なる常識を実験して証明しているだけに思われたのです。

だから僕にとっては見田さんの「社会意識論」が魅力的だったのです。これは無学な人間、無学だからこそ人生の達人となったような人々の人生観にはない客観性があった。客観性とはいっても実験して数字で証明できるような客観性とは違う。社会構造が個人の心理を規定する関係についての客観性です。こういう意味での客観的な見方というのは一般庶民にはできない。相当いい会社の社員でもなぜかできませんね。心理というのはあくまで個人のものであるという認識しか彼らにはないからです。

●ドイツ語にはまる

第二外国語はドイツ語でした。諏訪（功）先生が担当で、夏休みまでに文法を終えて、二学期から非常に難しい論文を読ませました。フランクフルト学派のマックス・ホルクハイマーの「教養の概念」という講演録でした。

僕は、社会学志望で、ウェーバーとかジンメルとか読むにはドイツ語が必要だから、けっこうドイツ語はまじめに勉強しました。一年生、二年生の夏休みには紅露文平《こうろぶんぺい》という人のドイツ語講座を大学とは別に受けに行ったほどです。

だから、諏訪先生が「この部分を訳しなさい」と言って、一人一人当てていって、みんなはとんでもない訳をしますが、僕だけ完璧に訳したので、「三浦くんは、完璧なので面白くない」と言われました。そのぐらいドイツ語をやっていました。諏訪先生については、大学三、四年でもゼミに入りました。

そのときの勉強のおかげでウェーバーの『職業としての学問』を翻訳するという仕事もできた（プレジデント社）のですから、若い頃の勉強は大事です。

●ゼミに三つ入る

また、僕の兄は明治大学で学生雑誌を作っていたので、入学前、「お前も、新聞社や出版社に行くつもりなら、『一橋マーキュリー』という雑誌をやったら」とアドバイスしてくれました。「一橋マーキュリー」という雑誌を創刊したのは杉山隆男さんで、のちに「大宅壮一ノンフィクション賞」を取ったジャーナリストです。

学生時代に『なんとなく、クリスタル』が80万部売れて、一躍人気作家になり、その後長野県知事になった田中康夫さんも「マーキュリー」でした。

私は一年半ほど「マーキュリー」にいて、一生懸命記事を書きましたが、ゆえあって途中で辞めました。

三年生になると、ゼミに入りますが、南博さんは退官してしまったので、そのお弟子さんの、法政大学から来た佐藤毅さんのゼミに入りました。その佐藤さんが編集した社会学の入門書を高校時代に読んでいたんですよ。まさかその人のゼミに入るとは思わずにね。

また同時に、阿部謹也先生が小樽商科大学から来られました。阿部先生は、『ハーメルンの笛吹き男』(平凡社)を引っ提げて一橋に来られたので、非常に評判も高く、阿部ゼミもいいなと思いました。また、社会政策や教育学や政治学にも関心がありましたが、そもそも南博ゼミで社会心理学を学ぶことが目的で一橋に来たので、やはり佐藤ゼミを選んだのです。

三年生になると、社会学の授業が多くなりましたが、社会学の成績はオールAでした。僕は好きなことでしかAが取れない人間です。それ以外の科目はほとんどBかCでした。そんなわけで三年生のときは比較的ハッピーに過ごしました。

あと、大学三年の時、宗教社会学の事例研究をしました。生長の家を研究して、それをゼミ論として書きました。このゼミ論は、拙著『「自由な時代」の「不安な自分」』（晶文社）に入れてあります。「天皇制の心理的地盤」という論文です。

この論文は、今のように一年間に何冊も本を出して、粗製乱造している自分から見ると、とても格調の高いすばらしい文章です（笑）。一番文章がうまかったのは、あの頃だと思うくらいです。

僕の頃の一橋というと、もう亡くなられましたが、高島善哉名誉教授が必ず講演をする。高島先生の『マルクスとヴェーバー』（紀伊國屋書店）という本がありますが、当時の一橋の社会学部でまじめに勉強しようという人は、必ずマルクスかウェーバーか、できれば両方を原書でかじります。僕は、マルクスとウェーバーのどちらを勉強しようかと、頭痛がするほど悩みましたが、結局ウェーバーにしました。

しかし、ウェーバーについて教えてくれる授業はなかったので、自分で「マックス・ウェーバー研究会」を開きました。大学院でウェーバーの研究している方や、今、東京女子大学におられる伊奈（正人）先生、それとゼミの同級生の四人で、マックス・ウェーバーの論文を原書で読む講読会をしたのです。一年くらい続けたでしょうか。

あと、東大の駒場で折原浩教授が自主公開ゼミでウェーバーを講義していたのを何回か聴きに行ったこともあります。

自主購読会で最初に読んだのが、『社会科学と社会政策にかかわる認識の客観性』です。これは「価値自由」について書かれた有名な論文ですね。『支配の社会学』も読みました。

あと、佐藤ゼミ以外にも、岩崎（允胤《ちかつぐ》）先生の哲学のゼミにもいました。先生の『科学的認識の理論』（大月書店）という五百ページくらいある分厚い本がありますが、僕はこれを大学二年のときに拝読して、いたく感銘を受けました。岩崎先生は、ロマンチックな詩人的な方でした。

●就職したくない

さて、しかし、四年生になりますと、僕はどうにも会社というものに就職をしたくなかったのです。それで大学院を受けました。大学院受験のときも、「宗教社会学の調査をします」と言いました。当時、愛読していたのが安丸良夫《やすまる》先生でした。近代日本民衆思想史の先生です。しかしもともと山本コータローの「吉田拓郎論」にあこがれて大学に入った僕なので、安丸先生のように、民衆のどろどろとした、痛みと苦しみと悲しみをえぐり出す研究をしている人と肩を並べることはできません。

自信がなくて、半分わざと受験に落ちました。今でもどんな問題が出たか覚えています。ドイツ語の問題は第一次大戦前後のヨーロッパについて書かれたものでした。自分で書く論文試験は二つテーマを選ぶのですが、一つは「デュルケームのアノミーについて説明しろ」というテーマ。これは完璧に書いた。もう一つは哲学で書けばよかったのですが、社会調査論について書いてしまいました。

ここで、その社会調査の先生を怒らせるようなことを書いてしまって、どうもそれで僕は不合格になったようです。それで一年留年します。ただし仮に合格しても僕は学者としてやっていく自信はまったくありませんでした。僕は、ひとつのことをずっと研究する体質ではないからです。

それで五年生の夏に大学院進学をあきらめました。南先生は、大学院にたくさんの学生を入れ過ぎたらしく、当時ポストドクターが十三人いました。これでは大学院に進んでも、よほど良い成績でなければ就職は三十五歳を過ぎるでしょう。

佐藤先生に電話して、「先生、僕は受験するのをやめます」と言いましたら、「そのほうがいいよ、就職先がなくて大変だから」と言われました。「三浦くん、そう言わずに受験してくれ」とは言われませんでした。ただし佐藤先生が、僕について、学者になる以外のことできっといい仕事をするだろうと期待してくれていたことは、先生が亡くなってからゼミの先輩に聞きました。

● 芸術好きが活かせる仕事

就職に際して、僕が中学時代からなろうと思っていた新聞記者にならなかったのは、ああいう激しい取材は僕には性格的に無理だと思ったからです。それと、新聞は言いたいことだけ言っているが、じゃあ、新聞は何をしているのかが疑問だったこともあります。ベトナム戦争も終わり、社会が平和になると、新聞の役割が見えにくくなった気がしたのです。

出版社という選択肢もありましたが、当時先輩で出版社に就職した人に聞くと、たとえば小学館に入っても漫画を担当するか、「週刊ポスト」に配属になって最初の取材はソープランドと聞いて、そんなことやってもしょうがないなって思って辞めたのです。

だから、小さい学術系の出版社に就職しようかとも思ってたんですが、そこまで地道な人間でもない。

なので、十月一日までは企業訪問も何もしていませんでした。ただ一社だけ訪問しましたのが宝島社です。当時はＪＩＣＣ《ジック》という会社の出版局にすぎませんでした。僕は、そこが出している「宝島」という雑誌が面白いと思ったので行ったのです。小さな古いビルでした。

そうやって無為に過ごしていたある日、国分寺の本屋をうろうろしていたら、あるイラストレーターの画集を見つけました。僕は、その本が素晴らしく気に入りました。これがＰＡＲＣＯ出版局から出ていたんです。その本を見て、即刻パルコに行こうと決めました。もともとパルコの広告には圧倒されていましたし、何か運命の糸を感じました。十月三日か四日にパルコの面接を受けに行きました。

結局、パルコに入ることができました。パルコは、一九八七年に上場した企業ですが、当時は従業員が二五〇人くらい、資本金が十億円、売り上げが一千億円、しかも本社は、渋谷公園通りにある雑居ビルの四階から六階だけという小さな会社でした。同じビルに当時はディスクユニオンが入っていて、面接の後に中古LPを見たかもしれません。

入社したときはビルが変わっていましたが、目の前にソープランドがあり、一階がゲームセンターという繁華街の雑居ビルでした。そこで僕の社会人人生が始まりました。

なぜ、パルコが僕を採ったのかわかりません。パルコはセゾングループだから、堤清二さんが全部仕切っていたと思われがちですが、パルコだけは治外法権で、堤清二さんと高校の同級生の増田通二さんがワンマン体制でやっていた会社です。

僕が入った当時、彼は専務でした。その増田さんが、なぜその会社を任されたかというと、増田さんの父親が絵描きだったからです。で、そのパトロンが堤清二さんの父親の堤康次郎だった。そんなこともあって、増田さんは西武で働いたことがあり、その後パルコを任されたのです。

ところが、増田さんはもともとが経済や経営の分野の人ではなくて、東大の哲学科で宗教学を学び、そして何と言っても演劇と絵が好きな芸術家タイプです。

また増田さんはパルコに行く前に、国立市の第五商業高校で先生をしていました。そのあとに板前やって、それからパルコの社長になったという変わり種です。

でもパルコをやったら大当たり。もうけたお金で増田さんは自分が好きな演劇をみせる劇場を作り、美術の本をたくさん出したわけです。

僕も芸術系の人間が多い家系に生まれたので、もしかすると目と目を合わせたときにお互いに同じにおいを感じたのかもしれません。初対面のとき、絵描きで、新潟大学の教授をしていた伯父を思い出しました。


少し、伯父の話をします。僕は、両親が共働きだったので、小学校三年生までは自宅に帰らずに、祖母がいる伯父の家に帰りました。伯父は、歩いて十分のところに大学があったので、昼食に家に帰ってきます。そして、午後また出掛けます。しかし午後に授業がない日は、アトリエで絵を描きます。アトリエの油絵の具のにおいが僕の原体験のひとつなのです。

絵を描かない日は庭仕事をします。庭に、自分でセメントをこねて池を造ったり、噴水を造ったり、その上に教え子の作ったブロンズ像を置いてたりしていました。そうかと思うと、次の日は、桃の木の剪定《せんてい》をしていました。さらにその翌日にはイチジクの剪定をし、そして絵を描いていました。子どもの目から見ると遊んでいるようにしか見えませんでした。

こういう人を見て育ってしまったので、僕は、銀縁眼鏡で髪を七・三に分ける銀行員とはどうしても相性が合わなかったのでしょう。だから増田さんは僕に自分と同じにおいを感じ取ったのかもしれません。

なお、こう書くと伯父はいかにも自由人ですが、東京芸術大学時代に学徒動員でシベリアに行き、終戦後も三年間シベリアに抑留されたというつらい経験もしています。絵が描けたので、シベリアではロシア兵の肖像画を描いていたらしく、その絵が今もロシアのどこかの家に飾られているのではないか、もしあったら見てみたいと思っています。SNS時代なので、どうにかすると本当に見られるかもしれません。

●カリスマの研究ができる雑誌

当時のパルコは景気がよくて、経営は順調でした。だからこそ、あまり売れそうもない美術書をたくさん出すことができました。だから、僕の同期四十人のうち、恐らく約十人以上は美術書を作りたかった人でしょう。

しかし、一人も出版部に配属されませんでした。僕もマーケティングの月刊誌を作る仕事に回されました。「アクロス」という雑誌で、この雑誌の編集室に配属されたことで、僕の人生はほぼ100％決まりました。

「アクロス」の前身は月例の営業報告書です。もともとパルコに入っている専門店の店長と社長に営業情報の分析をしてあげる内容です。「今年の夏は暑かったから、水着が売れた」などの売上げ分析です。

しかし、社長の増田さんには、もっと社会学や心理学の分析や都市論や建築論をたくさん入れた雑誌にしたいという方針があり、一時期は大学の先生に原稿を頼んでいたのです。が、それでは面白くないと増田さんが考え、僕が入る前年くらいから若い社員に自分で書かせろという方針が打ち出されました。四十人の新入社員のうち四人をその雑誌の編集部に配属するという、普通の会社の経営感覚からは考えられないことをしたのです。

僕もその四人のうちの一人でした。マーケティングには一切関心がありませんでした。しかし内定が決まると、内定者に「アクロス」が毎月送られてきます。あるとき、特集が「カリスマの研究」というものでした。

カリスマといえば、マックス・ウェーバーです。『支配の社会学』を原書で読んでいた僕にとって、カリスマというテーマで特集をする雑誌は、ちょっと普通のマーケティング雑誌じゃないな、この雑誌ならやってもいいかもしれないと思いました。マーケティングには一切関心はなく、むしろ商学部の学問なんてものは毛嫌いしていたのですが、宗教社会学を学んだ立場からすると、消費は現代の宗教だから、消費社会学というものを考えていけば、宗教社会学のように楽しめるだろうと発想を切り替えました。

「アクロス」の編集部は、三十八歳のボス以下、十二人のスタッフがすべて二十七歳以下でした。普通の会社でそんなことをさせるのは考えにくいですが、その十二人が企画し、調査し、文章を書き、写真も撮り、校正もして、必要があれば絵も描いて、というように全部社員だけでやっていました。もちろんワープロもパソコンも携帯電話もない時代です。

●手仕事の雑誌

原稿は鉛筆で原稿用紙、グラフは方眼用紙に手描きです。一つ書くのに一時間もかかる。地図も手描き。僕も三日間恵比寿の街を歩き回ってA4版一ページの地図を書いたこともありますが、もっと「変態」なスタッフは、どうやってつくったかわからないような駅の透視図をヨダレを流しながらつくっていましたね。今和次郎のまねをしてワンルームマンションの中の生

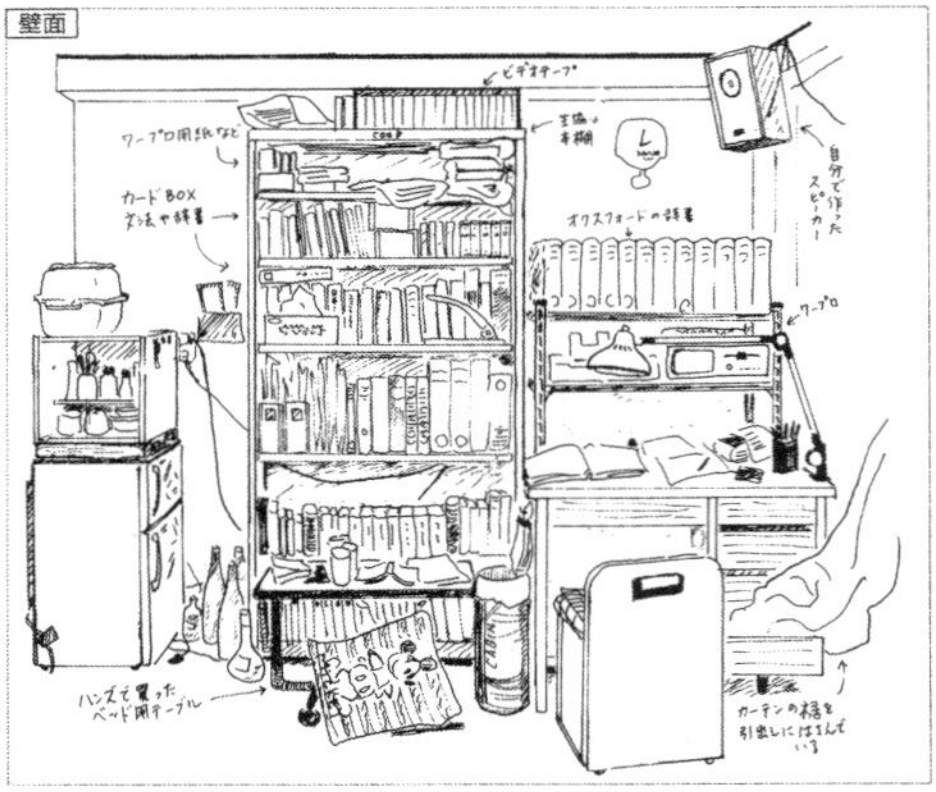
壁面
ビデオテープ
ワープロ用紙など
カードBOX
文法や辞書
自分で作ったスピーカー
オクスフォードの辞書
ワープロ
ハンズで買ったベッド用テーブル
カーテンの裾を引出しにはさんでいる

JR恵比寿駅西口の開発状況とヤング向けの店
(1988年2月現在)
代官山駅
工事中・予定空地
新築ビル・マンション
サッポロビール工場

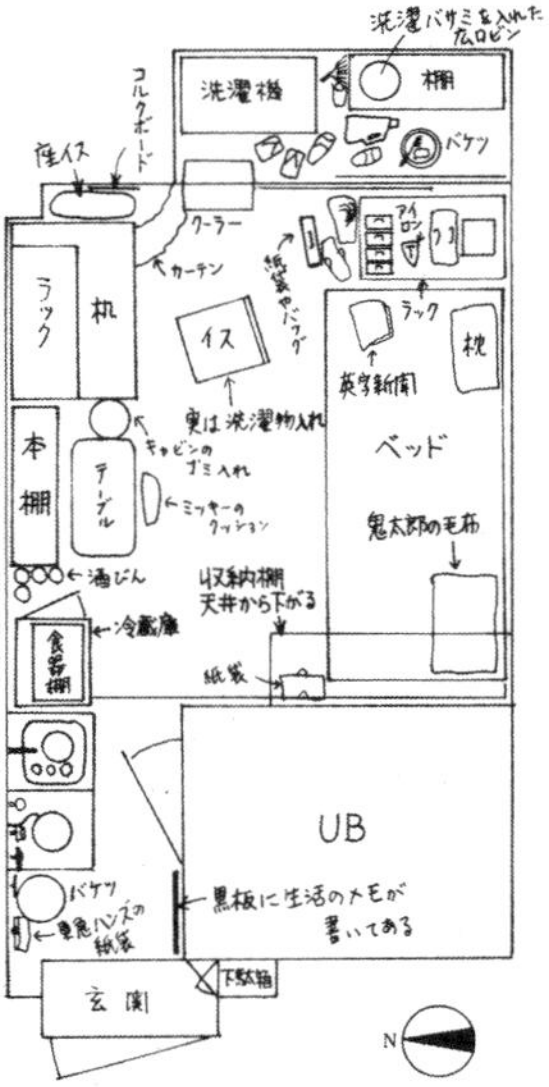
洗濯バサミを入れた広口ビン
洗濯機
棚
コルクボード
座イス
バケツ
クーラー
カーテン
アイロン
紙袋やバッグ
ラック
机
イス
枕
英字新聞
実は洗濯物入れ
キャビンのゴミ入れ
ベッド
本棚
テーブル
ミッキーのクッション
鬼太郎の毛布
酒びん
収納棚天井から下がる
冷蔵庫
食器棚
紙袋
UB
バケツ
東急ハンズの紙袋
黒板に生活のメモが書いてある
玄関
下駄箱
N
1 m
1：40

壁面
この棚は左側の廊下まで続いている
本当は本棚だがバスタオルを入れてある
雑誌
ベッドの下に掃除機を収納してある
安定性が悪いテーブル

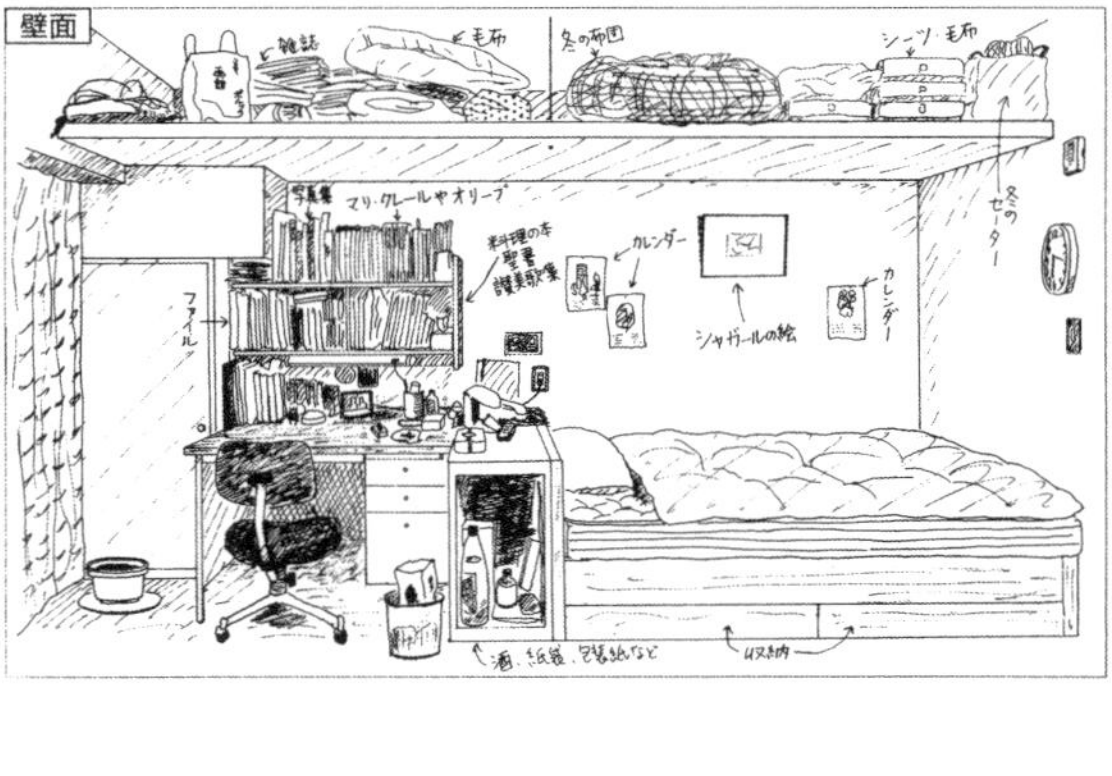
壁面
雑誌
毛布
冬の布団
シーツ・毛布
冬のセーター
写真集
マリ・クレールやオリーブ
料理の本
聖書
讃美歌集
カレンダー
ファイル
シャガールの絵
カレンダー
酒、紙袋、包装紙など
収納

活をスケッチしたこともあります。レイアウターに余裕がなければ僕は自分でレイアウトをしました。まさに「手仕事」の雑誌でした。今思うととても残念なのは、そうした手書きの図をすべて捨ててしまったことです。手仕事が当たり前だから、価値があると思わなかったんですね。何でもデジタルの今から見れば、とても貴重なもののはずですから。

そういう手作業はワープロで打った原稿や、デザイナー任せのグラフや、カメラマンの撮った写真をＤＴＰ（パソコンによるデスクトップパブリッシングのソフト）に流し込むだけの今の出版の作業とは全然違います。現代の仕事はすべてがデジタル化されていて、身体的な手仕事感がなくなっている。そういう仕事ではやりがいが感じられにくいだろうと思いますが、そういう仕事ですら今どきの若い編集者は緻密な仕事だなんて言うんですよねえ。可笑しくて、へそが茶を沸かしますよ。ゲーム機の中でスポーツをしても本当のスポーツだと感じる世代なんでしょうね。

初期は、定期購読者への郵送や書店への納品までやっていました。渋谷から銀座、新宿、池袋などに五十冊とか百冊とか持って行くのですからかなり重い。僕が入る前は返品も多くて大変だったと先輩に聞かされました。僕たちのころはもう完売でしたので重いのは納品の時だけでしたが。また定期購読の電話による受付も編集室で行っていました。

これだけ働けば、昼間はほとんど原稿を書く暇がない。だから残業が増えます。私は月六十時間くらいだったと思いますが、普通のスタッフは百時間を超えたでしょう。ただし残業食では必ずビールを飲んで、それから仕事をしていたし、今から見ると気楽なものでした。

今なら、パソコンもインターネットもあるのですから、残業なんて四十時間でできると思います。ところが今も一般的に言って編集者や記者や広告代理店の残業は多いのですから、どうなっているのでしょうね。それに、今はやけに厳しい時代なので、酒を飲んで仕事なんて許されなくなっているようですね。世の中が無意味にまじめになりすぎています。

●女性だらけの職場、何でもできる雑誌

「アクロス」の十二人のスタッフのうち八人が女性でした。パルコなので、若い女性の消費を分析するのがメインテーマですから、スタッフも女性がいいということで、女性が多かったのです。

だから、非常に男性の肩身が狭い職場でした。今なら普通ですが、当時としては自己主張の

強い女性が多い会社でしたしね。しかし、男性だけの職場で、ピラミッド的な構造の中で働く自信がなかった僕にとっては非常に過ごしやすい職場でした。

仕事も面白くなってきて、完全に「アクロス」に〝はまって〟しまいました。本書で紹介しているウェーバーもフロイトもリースマンも見田宗介も小此木啓吾も山崎正和も「日本人の意識」も活かせる仕事でした。僕にとってはまさに天職でした。

毎年新人スタッフが入ってきましたが、彼らの多くにとっても「アクロス」は自分の関心をそのまま記事にできるというメリットが感じられたに違いありません。スタッフは、およそマーケティングとは無関係な、思想も漫画も小説も演劇も映画も音楽も犯罪も原発も論じることができました。

なにしろ「アクロス」の企画会議では、「消費」「商品・ビジネス」「ファッション」「女性」「大型店・街」といったパルコの本業に関わるテーマの他に、最初から「事件・犯罪」というテーマがあったのですから。

またスタッフは、西部邁《すすむ》も浅田彰も柄谷行人も吉本隆明も蓮見重彦も栗本慎一郎も別役実も野田秀樹も村上春樹も村上龍もサイバーパンクもＳＦも論じることができました。しかも住宅の研究に大友克洋の『童夢』が登場し、消費の研究に「ブレードランナー」が登場する、という自由がありました。

その代わり、記事はすべて自分たちで書くのです。三十ページを越える記事でもスタッフだけで書くのです。外部へのインタビューはほぼ皆無。企業や有識者へのインタビュー記事を二ページとか四ページずつ並べているだけの「へたれ」な特集ではない。それより何より自分たちの考えを書くことが大事でした。

このように一九八〇年代の「アクロス」はマーケティング雑誌、消費分析雑誌を越えて、明らかに文化分析雑誌であり、それを若いスタッフが自分で書くところに最大の特徴があったのです。考えてみればパルコに来てマーケティングがしたいとか、「アクロス」がやりたいという人は当時はいませんでした。だから若いスタッフが自由に書けばマーケティング雑誌ではなくて文化雑誌になってしまうのは当然でした。

僕としては消費者、生活者の新しい思想、価値観を分析する「流行思想」の雑誌だとも思っていました。ひとつのことをずっと研究できない体質の僕には、雑誌というメディアは相応しかったし、まさに水を得た魚でした。

明けても暮れても、「アクロス」を作ることだけを考えていました。一年目の休みは、三六五日のうち五十日も休んではいません。一ヶ月間、全く休みがないこともありましたが、全く苦になりませんでした。

だからといって労働時間が長いことがいいといっているのではありません。特に、働き方改革、輝く女性、一億総活躍などと言われる現在、長時間労働は廃棄すべきものです。残業が百時間のほうがゼロの場合よりもやりがいがある、ということはありません。本当にやりがいがある仕事は、むしろ一日一時間でも満足できます。本当においしいものは毎日食べたくならないのと同じです。

ところが日本には妙な精神主義が残っていて、また「やりがいの搾取」が平気に行われるので、残業が多い方がいい、やりがいがあれば残業は苦にならない、残業をたくさんしたほうが達成感がある、といった考え方が根強く残っています。が、こうしたバカな考え方は廃絶すべきです。

マラソンで四〇km走るほうが一〇〇m競走よりも四〇〇倍やりがいがある、ということはありません。マラソンでも一〇〇m競走でも、そのために準備する時間はおそらく同じです。選手の頭の中はずっと記録を伸ばすことだけで一杯です。仕事も、やりがいのある仕事であれば頭の中はつねに、もっといい仕事がしたいという思いで一杯になるでしょう。

しかしそれは会社に何時間いるかということではありません。ホワイトカラーの仕事の質は労働時間の量では計れません。クリエイティブな仕事ほど時間では計れない。何かよいアイデアを発想するのに、一秒で片付くこともあるし、十年かかることもある。ヴィジョナリーな仕事とはそういうものです。

ヴィジョナリーな仕事にとっては、会社にいるということは有害ですらあります。昔のパルコのように、クリエイティブな人がたくさん集まっている会社なら、会社にいたほうが刺激がありますが、普通の会社は違うでしょう。毎日売上げを気にしているだけの上司の下でヴィジョナリーな仕事はできませんからね。

●「アクロス」の二つの方針

「アクロス」では、ふたつのことを大方針として何度も教えられました。ひとつは、大きなことを小さく見せる、小さなことを大きく見せる、ということです。大企業が発信する情報を疑う。そんなものは大したことはないと小さく見せる。逆に、小さなお店や個人の行動を大きくクローズアップする。どんな流行でも潮流でも最初はひとりの人間、ひとつの店から始まるのです。だから、小さな動きをよく観察して、それを大きく取り上げる。そう言われました。

ふたつめは単なる「インフォメーション」ではなく「インテリジェンス」のある記事を書けということです。単なる事実ではなく、そこに分析を加えたものを書く。あるいはいくつかの事実を縦横斜めに組み合わせ、クロスオーバーさせ、組み換えていって、真実をあぶりだす。それがインテリジェンス。

英語のインフォメーションとインテリジェンスの意味の差がそういうものかどうかは知りませんが、とにかく「アクロス」ではそう言われた。これは今でも僕の基本姿勢になっていますね。

それから「アクロス」の特徴、というか、パルコ、あるいはセゾン全体の特徴らしいですが、それは複数のスタッフで徹底的にブレスト（ブレーンストーミング）をするのです。ブレストというのは全盛期の松下電器で熱心に行われた手法ではないかと思いますし、ホンダでは「ガヤガヤ」というらしいですが。とにかく社員が集まって自由に議論するのです。

「アクロス」では実際に取材をしたり、原稿を書いたりする時間よりブレストの時間のほうが長かったくらいです。これが「アクロス」の強みなのです。広告代理店もたくさんブレストをしますし、僕も参加したことがありますが、ブレストの時間が中途半端です。細切れの時間でしかやっていない。それではブレストにならない。脳みそが嵐になるのがブレインストーミングですからね。一時間や二時間議論してもだめ。三日三晩くらいでないと。

そうやってブレストをして、記事の方針が担当者のお腹の中にしっかり落ちてから原稿を書く。だから、入社一年後には立派に記事が書けるようになったのだと思います。こういう一種の集団主義的な手法が「アクロス」ではうまく行っていたと思います。集団主義と言うと個人を抑圧するようなイメージがありますが、ここでいう集団主義は、個人の中に眠っている何かを引き出すという意味です。今風に言うと協働とか創発とかでしょうが、そこまで言うとかっこよすぎると思いますので、あくまで集団主義と言っておきます。

そうやって「アクロス」らしい企画を出し、記事を書くわけですが、では「アクロス」らしいとは何かというと、言葉ではなかなか表しにくい。視点のひねり方、異なる事象の結びつけ方などが独特なのですが、その根底にある大方針は、今まで誰も言っていないことを言う、ということでしょうね。

●原稿は削らない

今考えると不思議でもあるのですが、「アクロス」ではわれわれスタッフが書いた原稿を削るということが、少なくとも僕が入社した時点ですでにありませんでした。一行も削らないのです。

普通の雑誌ではレイアウトの都合で、文章を十行くらい削ることは普通なのです。もちろん、冗長だからとか、この記事には不要だとかいう理由で削ることもあるでしょう。レイアウトが先にできていて、それに合わせて書くことすらある。しかし「アクロス」では文章を削らなかった。

それは、「アクロス」が消費者の生の声を掘り起こす雑誌であり、その消費者の代表としてスタッフが書いているのだから、そのスタッフの書いたものを編集長の意向やデザイン上の理由で削ることはできない、という理由からだったと思われます。そうとしか思えない。

だから、十ページの予定の記事が十五ページや二十ページに増えるということもしばしばでした。スタッフみんなが力一杯書いていたのです。それが「アクロス」の魅力のひとつだったと今思います。私もスタッフの書いた原稿をよりよい形になるように修正することはあっても、何行も削った記憶はない。また、不思議に、削る必要を感じたこともないのです。

特に、東大やお茶の水女子大出身の女性スタッフがいましたが、彼女たちの筆力はすごかった。僕は締め切りは確実に守って十ページなら十ページ書くのが得意で、それが欠点でもあると思うのですが、とにかくそうでした。しかし彼女たちは、十ページの予定はだいたい二十ページに増えますし、ブレストで出たことは妥協なくすべて書き込まれ、もちろんそこにさらに新しい情報と視点が加わっている。締め切りは守らないが、とにかく最後に質量共にすごいものができました。

このように、若造に書きたいだけ書かせる、それだからこそ面白い、というのが「アクロス」の方針だったのです。これはかつて高校教師をしていたこともある増田さんの「教育的方針」だったと言えます。妙に大人になってもつまらないものしか書けない。だったら世間知らずの若造が言いたい放題言った方がよほど面白い、痛快だ、質も高いということです。

だから「アクロス」の記事には、荒っぽさはあったが、非常にリアリティがありました。針小棒大だが、正鵠を射る言葉があった。言い過ぎは多かったが、妙に納得できた。それが魅力でした。

普通の週刊誌やテレビ、今のネットメディアなどのように人気取りのための記事を書く必要もありませんでした。どうしてこんな記事が人気なのかわからないけど、売れるから書く、ということもなかった。自分たちとして良いと思った記事は読者にも評判が良かった。そういう意味では読者との一体感がある雑誌でした。

●犯罪の記事は明るく書け

思い起こしてみると、こういう職場にいたせいもあるからか、僕は生まれてこの方自分の文章を直されたことがないのです。

ただ「アクロス」時代に二回だけ、注意されたことがある。一つは、犯罪特集の記事を書いたときに「暗い」と言われたことです。犯罪なんだから暗いのは当然だし、私は見田宗介さんの「まなざしの地獄」を引用しながら生き生きと犯罪と社会の関係を書いたつもりだった。

しかし、犯罪も都市と時代の活力を表す現象である、というのが当時のパルコの思想だった。そりゃあ言い過ぎだろと誰でも思うが、私はそう言われてなぜか納得しました。

もちろん犯罪は現実の身の回りにはない方がいいのだが、ではまったく犯罪のない地域は、消費面でも文化面でもおそらく刺激がない地域でしょう。繁華街であれば、無銭飲食、自転車泥棒、万引き、なぐりあいくらいのことはたくさんある。だから、都市の刺激と犯罪の数は比例するのです。

二度目の注意は『『東洋経済』みたいな記事を書くな」と言われたこと。企業が発信する情報をそのまま無批判に書くな、という意味ですね。たしかにそのときの僕の記事はテンションが低く、つまらない記事だった。僕らしい、「アクロス」らしい、パルコらしい視点がまったくなかったのです。

パルコもセゾンも「アクロス」も徹底して消費者の情報を載せる記事である。しかし消費者自身は情報を発信しない。今なら、SNSもブログもあるが、八〇年代なんて、ファクスもパソコンもワープロもほとんどなかった時代です。だから消費者は消費することで情報を発信したのです。

そういえば最近「東洋経済オンライン」に連載原稿を書いたら編集者が無断で原稿を削ったんで頭に来て連載を辞めたんですが、やっぱり「東洋経済」みたいな記事じゃなかったんでしょうねえ(大笑)。誠に名誉なことです。編集者としては今売れる記事だけ書けってことだったんでしょう。だからヴィジョナリーな文章なんて理解できないんです。

僕の記事は何年かすると、あ、三浦さん、とっくに言ってたよね、ってことになるんですがね。「シェア」なんて二〇〇二年に言ってましたし、その根本は一九九九年に書いた本にある。

最近暗渠《あんきょ》探訪が人気ですが、二〇〇二年に書いた『大人のための東京散歩案内』には「私は暗渠が好きだ」と書いてあります。「暗渠が好き」という言葉が本になったのは歴史上これが初ではないか（笑）。

それから今、ＬＰレコードがブームだけど、私はすでに二〇〇〇年からＬＰを復活させ、二〇〇九年から若い人を集めてＬＰレコードを聴く会を開いていました。二〇〇六年に事務所を吉祥寺から西荻窪に引っ越したら、最近は吉祥寺の人気が下がって西荻窪が人気上昇です。だから、私が今関心を持っていることも、五年、十年すると広がっているという自信がある。

こういうことは、「アクロス」時代に培われた勘が無意識に働くのと、一方で、非常に論理的に消費社会の精神分析をしているので、その成果でしょうね。半歩先を行くのが売れると言われますが、堤清二は三十年後を見ていたし、私も五年後、十年後を見たいのです。

●自分の無意識を精神分析する

何を着るか、どんな髪型をするか、どこで食事をして遊ぶか、そこから消費者の潜在的な新しい欲求を探し出すのが「アクロス」の仕事です。だからセゾングループのＣＩＡと言われたこともあった。「東洋経済」や「日本経済新聞」は、日本株式会社の社内報ではありましょうが、日本経済の、特に消費者行動のＣＩＡ、つまり、隠された秘密の調査分析機関ではまったくない。だから「東洋経済みたいな記事を書くな」と言われたのです。

事実だけを知りたいなら東洋経済や日経を読めばいいのですが、それでは納得しない高度な読者、クリエイティブな読者のために「アクロス」は存在したのです。

だが消費者の潜在的な欲求を分析することは、精神病患者のカウンセリングのように難しい。ただアンケートやインタビューをすればいいというものではない。自らが一人の消費者として自分で自分自身を精神分析するようなことが求められるのです。医者兼患者なのです。自分の内面を掘り起こすのです。でないと面白い記事になりません。

これができないスタッフはいた。仕事と私生活をはっきり分けたがる人は、自分で自分の精神分析をすることができない。自分の生活、価値観、無意識を暴露したくないからです。だがそれをしないと消費者心理の深い分析はできない。そしてその分析ができないと将来を予測できないのです。将来の消費は現在の深層心理の中の欲求が顕在化したものだからです。

また、お店に取材に行って記事を書けばいいとだけ思っていたスタッフはすぐに辞めていきました。普通の編集者というのは自分では記事を書かないし、記事はライターまかせで、ライターが書いた原稿をチェックするだけです。ですが、自分で文章を書いたことがない編集者が人の文章をチェックできますかね。

●人間のする仕事は何か

それから、今の若い人を見ると、そういう本当のクリエイティブな仕事をせずに、やたらと作業をする。これは、あるマーケティング業界の重鎮もおっしゃっていました。パソコンとインターネットで永遠に情報収集をして、それを整理したり、パワーポイントにしたりする作業はする。しかしそこに分析がない。クリエイティブさがないのです。自分がないとも言え、これはまさに先ほど述べたインフォメーションばかりでインテリジェンスがないということとつながります。

家電が普及したのに家事時間が伸びたという現象が、ある時期あったそうですが、それと似ているかもしれません。家庭用洗剤が台所用、お風呂用、トイレ用、窓用などと無数にあるおかげで、むしろ家事労働が増えるという面も指摘されています。

インターネットでいくらでも情報が入るからずっと情報収集をしている。でも情報量が多すぎて頭がパンクして、肝心の分析作業、クリエイティブ作業に手が回らないという状況が今あると思います。キッチンの掃除ばかりして、キッチンが汚れるのが嫌で、肝心の料理をつくらない人のようなものです。

そしてクリエイティブさのない作業だけで残業をする。そして疲弊している。それが今の若いサラリーマンたちではないかと思えてなりません。

そこには、何のためにその仕事をしているのか、その仕事の意味は何か、という視点がないのです。読者のためにやっているという人がいるが、それだけでは作業です。水道工事や電気工事の人たちの作業は絶対必要だし、なかなかロボットに代わることもないでしょう。しかし、ホワイトカラーの作業なんてものはそのうち大半がＡＩがやってくれるでしょう。日経新聞の株式欄はすでにＡＩがつくっているそうですが、「会社四季報」なんてものもすべてＡＩがつくるようになるでしょう。

また、つまらない仕事は極力能率的にするべきですが、面白い仕事は能率的にはしないほうがいいです。面白いということは能率とは全然別の次元のことです。

それと、仕事は面白い順、やりたい順にするべきで、締め切りの順にしないほうがよい。三週間後に締め切りがある仕事も、今やりたいと思えば今やったほうがいい。面白くない仕事は締め切り間際にやればいい。面白くないけど締め切りが先の仕事を優先すると、時間がかかりすぎ、体も頭も疲れ、結果、その次の仕事のスタートが遅れて締め切りが守れなくなります。やりたい順にしたほうが結果的にすべての仕事の締め切りが守れます。

「人間のする仕事」は何なのか、何であるべきか、よく考えたほうがいいです。ホワイトカラーはもっと未来を見据えたクリエイティブな仕事をするべきなのです。これからのホワイトカラーがやるべきは作業ではない。ヴィジョナリーな仕事です。

僕は脱サラをしてもう二十年近いし、本をたくさん出すので、付き合うサラリーマンは出版社の編集者が大半ですが、彼らの仕事ぶりも根本的に間違っています。やはり作業だけしているのです。原稿がメールで送られてきて、それをデザイナーに転送して、ＤＴＰでレイアウトが組まれて、それをプリントして、著者に郵送。そして校正。こういう作業の流れに乗っているだけです。もっと面白い本、もっと面白い文章にするにはどうしたらいいか、もっといい見出しはないか、もっといい表現はないかを考えるクリエイティブさが足りない。

そもそも企画会議の仕方が間違っている。編集者が企画書を出し、それを編集長やデスクが見て、企画を進めるかどうかは判断する。それで終わり。よく言えば個人主義ですが、悪しき個人主義だと思う。情報の共有がない。だったら組織の意味がありません。

ある編集者が何の本を進めているか、別の編集者は知らないことすらある。これではだめだ。「三人寄れば文殊の知恵」という言葉を知らないのですかね。

僕は、編集者が何人かでどんどんブレストをして、企画を出し、その企画に相応しい編集者が担当となって進めればいいと思います。できた原稿についても、複数の編集者が読んで、改善案を議論するという、ある意味で集団主義的なやり方を取り入れるべきだと思いますね。

パルコ時代、僕は自分と同じ能力のある人間が揃ったら一体何人で「アクロス」を毎月出せるかと当時思っていました。六人だろうというのが当時の結論でしたが、パソコンとインターネットがある今なら、三人か四人でもできるかもしれません（笑）。

ただし、多様性というものが必要である。三、四人より十二人のほうが、多様な情報、多様な価値観が記事に反映される。だから、やはり十二人というのは、いい人数だったのでしょう。集団の良さというものがあるのです。

●眠れない日々

話を戻します。「アクロス」に入り、四年が経つと、先輩やボスが会社を辞めたり、異動したりしたので、僕が一番年長になりました。僕は二十七歳で編集長になったのです。

編集長になると、僕の不眠症時代の始まりです。明けても暮れても、新しい企画を考えなくてはいけません。広告も何も入っていない、全部自分が企画し、調べ、書いて作る雑誌を一二〇ページ以上を、十二人のスタッフで毎月埋めます。これは、並大抵のことではありません。毎晩ウイスキーのボトル三分の一をストレートで飲んでも眠れません。毎月つくっても気に入った号はできません。この号はよくできたと思えたのは一度だけです。毎月、陶芸家が気に入らない皿を割るような心境でした。でも、できた雑誌は売らないといけません。

おかげでスタッフはだいぶ苦労したでしょう。どんなに一生懸命原稿を書いても僕にほめられることはほとんどないのですから（笑）。でも、できあがった記事は、おおむね面白いものだったと思います。今見ても「アクロス」の熱量の高さには驚きます。甲子園の決勝戦のように熱い。バブルだったせいもありますが、八六年から八九年まで、三十六ヶ月連続で「アクロス」は売上げを伸ばしました。

今ならもう少しスタッフを上手に指導できたと思います。なにしろ僕は当時、文章なんて誰でも書けるはずだと思っていたのです。みんな有名大学を出ているんだから、できて当然だと思っていた。だからスタッフがどこでどう悩んで文章が書けずにいるかをケアするなんて思いもよらなかったのです。

僕が、文章を書けるというのは一種の才能である、と思うようになったのは、ほんの数年前です（笑）。そんなわけでスタッフには苦労をかけましたね。

結局、編集長は四年やりました。「アクロス」にいた八年間で、僕は普通の人の二十年分働いたような気がします。官僚制的な会社で長い間我慢して、四十歳、五十歳になってやっと自由に人を使える立場になる働き方は、僕の性分にも合っていませんでしたので、本当にこれで良かったと思っています。

●パルコは「変態」だった

パルコの社長だった増田さんは経営者である一方、すぐれた社会学者、社会心理学者でもあって、たとえば女子高生のちょっとした言葉から、その根底にある女性の新しい心理や価値観の変化を感じ取る人でした。そしてその直観を体系的に分析することを私たちスタッフに求めたのです。

「アクロス」の最初のころは、増田さんの直観をデータ分析などの裏づけを行いながら記事にしていくだけでしたが、やがて僕たち自身が考えて書いたことを、増田さんが面白がってくれるようになったと思います。

ターニングポイントは八三〜八四年にかけて、つまり高度消費社会の本格的な到来の頃で、高度消費社会が論じられるようになったのも、新人類世代が成人したのもこの頃ですね。

この頃はいくらでも記事にするべきテーマが見つかった。そういう消費社会において、消費を単なるマーケティングではなく、社会学的に、あるいはジャーナリスティックに語るべきだ、という思いが増田さんにはあったと思います。

増田さんは大宅壮一に似た感じのジャーナリスティックな人でもありましたけれど、新聞記者には消費は語れない、広告業界にも本当の消費者は語れない、また、流通業の人間には社会を論じることができない、と考えていたと思います。

大手広告代理店だと、クライアントを気にするから論じ切れない。ブレストにかける時間も少ない。僕らはひとつの記事を書くときに、延べ五十時間くらいかけてブレストをしていました。「もっと面白い切り口はないのか」と考えるにはたくさんの時間が必要ですが、結局それは人件費にはね返りますから、普通の会社ではなかなかできない。僕がいた頃の「アクロス」には専任のスタッフが十二〜十三人いましたが、正社員二五〇人くらいの会社で十二〜十三人が雑誌をつくっていたわけだから、かなり変態な会社ですよね（笑）。

●「今和次郎知らないの？」と聞かれる

「アクロス」で毎月やっていた「定点観測」で通行人を数えて写真を撮るのは、消費分析のトレーニングになりました。それをやることによって勘が養われるわけです。

毎月写真を撮っていると、次に流行るものが自然にわかるようになるんです。今でも私は来年の流行色が予感できます。データだけでは、それまで伸びてきたものしか捉えられない。定量調査や統計と、「定点観測」によって養われた直感が交わるところに、見えてくるものがあるんですね。「あ、いいな！」というひらめきがなければ、トレンドなんてわからない。だから統計だけでは駄目です。増田さんからも「頭の汗と手の汗と両方かけ」と言われました。本も読んで家計調査も見て、街もよく歩く。そうすると思考がよく循環するし、ひらめきが生まれるんです。

増田さんは渋谷パルコをつくるとき、宇田川町の暗渠のマンホールの蓋を開けてみながら街を歩いたといいます。マンホールの蓋は重いので、本当かなあと思いますが、増田さんならやりかねない。

定点観測という活動がなぜ始まったのか、僕は誰からも聞かされていないのですが、おそらく増田さんが昭和初期に考現学を始めた早大教授・今和次郎を読んで考えたのではないかと思います。「アクロス」に配属された直後に先輩から「三浦君、今和次郎知らないの？」と言われましたが、普通そんなこと知るはずがありません。いまでこそ今和次郎はけっこう人気がありますが、当時は早大の建築出身者か、専門家でないと知らないはず。なのに「今和次郎知らないの？」と当たり前に言ってくるのが「アクロス」編集室。変態です。

増田さんは時代を読む独特の天才的嗅覚を持っていて、アイデアがどんどん沸いてくる人でした。でも、自分でそれを論理的に定着させることは苦手でした。

だから、僕たちの役割は、増田さんがアイデアをひらめいたら、それを論理に定着させ、統計で裏付けることでした。増田さんの話自体には統計はほとんどなかった。でも彼のアイデアを証明するために統計を使うと、けっこう傍証データができたんだから不思議です。

こうして増田さんから与えてもらったテーマのいくつかは僕のライフワークとなりました。東京の研究、若者の研究、消費の研究などなど。

その典型が、郊外の研究です。これは因縁めいています。僕は、高校一年の地理の授業で「田園都市」と呼ばれるものがあり、日本ではそれが国立市であると習いました。そのときから「田園都市」とは何だろうと、何となく頭に残っていたような気がします。

言うまでもなく「田園都市」とは、イギリスに一九〇三年にできたレッチワースという町から始まる概念です（本当はもう少し複雑ですが、大体そういうこと）。そのレッチワースは世界中に影響を及ぼしましたが、日本におけるそれが田園調布や国立です。その国立の町並みにあこがれて大学に入って、就職し、与えられたテーマが郊外の研究である。しかも国立を開発したのが西武グループの創始者・堤康二郎、そして増田さんは国立の高校で教師をしていたことがある。これは因縁めいています。

「アクロス」は読者もよかった。今でも憶えているうれしかったことは、ある企業の役員が『アクロス』を読むとものを考えると言っていたよ」とパルコの出版担当役員から言われたときですね。

言い換えれば、明日何で儲けるかではなく、三年後、五年後、十年後、世の中どう変わっているんだ、消費者はどう変化していくんだということを考える素材をうまく提供してくれる、ヒントとなる視点も提供してくれる、ということですね。それもまた、単なるインフォメーションではないインテリジェンスということです。

●名刺で仕事をする人が嫌い

僕は嫌いなものが多い人間です（笑）。まず何が嫌いって名刺で仕事をする人ですね　大テレビ局とか大新聞とか大雑誌とか。

パルコなんて入社当時はまだラブホテルかパチンコ屋かと言われたり、どうしておまえが大成建設でパルコンをつくるんだとか言われた人は数多い（笑）。「アクロス」は商品試験の雑誌かと言われたこともあるし。それで何くそ、今に見ていろと思って働いたのです。

それからランキングが嫌いです。僕の本は『下流社会』がアマゾンで一位になった以外は、特に何かのランキングで一位になったことはありません。それどころか、僕が自分の代表作であると思う『「家族」と「幸福」の戦後史』『ファスト風土化する日本』は大手の新聞、雑誌の書評などではまったく取り上げられませんでした。

もう一つの代表作である『第四の消費』は、『下流社会』の後ですから、さすがに小さな紹介記事はいくつか出ましたが、大きな取り上げられ方はしなかった。

『「家族」と「幸福」の戦後史』のころの僕はまだどこの馬の骨だかわからない存在でしたが、内容には自信があったので、まったく取り上げられないことにははっきり言って落胆しました。この三冊は、日本の現代史、あるいは現在と将来を考える上で意味のある本だと思いますが、大手のメディアというのは、新しい芽を見つけることより、既存の有名人を紹介することで安穏としているのです。大きなことを大きく、小さなことを小さく取り上げるのです。

ただし、見る人は見ている。『「家族」と「幸福」の戦後史』の前に『「家族と郊外」の社会学』という本を一九九五年に出していますが、これもすぐに絶版になった本です。しかし、ある住宅関連の財団法人の専務がこれを読んで、その財団の機関誌に書いてくれと依頼してきてくれて、それ以後非常に長く懇意にして頂いています。また、上野千鶴子、山田昌弘さんらの社会学者も読んでくれていたようです。売れない本でも、読むべき人が読んでいるということは、その後の人生にとって非常に重要です。だから売れない本でも、いや、売れそうもない本こそ、本気で書くべきです。どんな仕事でもそうだと思います。

●ランキングに惑わされるな

書評に比べると、売上げなどのランキングは、読者自身の欲求の反映ですから、その意味では正直な結果だとは言えます。

しかし、特に最近はあまりにもレベルの低い本がランキングの上に来る。健康とお金とアニメ関連の本ばかりがベストテンをしめます。ネットニュースには必ず閲覧数ランキングが出ていますが、ろくでもない下ネタ記事がしばしば上位に来ます。

しかも、下ネタ記事を書くのは社員ではなく、フリーライターです。社員が書く記事は閲覧数が少ない。そして社員が書くとちょっと問題になりそうな記事をフリーライターに書かせ、その記事の閲覧数が高いとメディア会社に広告収入が入る。でもフリーライター自身は安い原稿料で書いている。問題があればライターを切ればいいだけです。つまりフリーライターがメディア会社の正社員の給料を稼いでいるんです。そういう搾取の構造があります。これは問題だと思いますね。

また、ランキングで何でも表現するというのは、昔は歌番組や就職企業くらいにはありましたが、今のように、住みたい街とか、給料が高い企業とか、何でもかんでも頻繁にランキングする傾向は、団塊ジュニアの成長と共に拡大してきたものだろうと思います。一九八〇年代にはあまりなかった。九〇年代以降の現象です。

小学生時代から夜まで頭に鉢巻きをして塾通いした彼らは、偏差値しか価値基準がない人が増えた。また就職で苦労した彼らは、不景気の中で損をしたくないという心理が強いので、今、人気の高いものは何かを知りたい、だからランキングを見るという傾向につながったと思われます。表現手段としてもランキングを安直に使うわけです。彼らの上司も、まあ、「ホットドッグプレス」を読んで「マニュアル世代」と呼ばれたバブル世代ですから、似たようなものかも知れません。まったく哀れな話です。

僕もランキングをつくることはありますが、ただ一位は何だというだけでなく、その理由を探り、男女別、年齢別、職業別など多角的に分析します。総合で何位かどうかなんてことは、素人向けのネタに過ぎません。大手のメディアだったら、もっと深い分析をするべきだ。しかし、おそらく分析の労力に比して閲覧率、視聴率が上がらないから、そんな面倒な仕事はしないのです。

●マスゴミはゴミを出した人が回収してくれ

テレビ、新聞などのマスコミが「マスゴミ化」しているとよく言われます。マスゴミという言葉は僕が一九八四年に「アクロス」でつくった言葉のつもりですが、文献学的には立証していません。最近は左翼的な見解を流すのがマスゴミだというようにネトウヨ的な使われ方をしているようですが、僕としては、政治など伝えるべき情報を伝えず、視聴率優先で芸能人やスポーツや犯罪のニュースばかり流していることを指してマスゴミと言ったのです。

しかしテレビ、新聞などに代わって急成長したネットメディアもあっという間にゴミをたくさん排出しています。ＮＨＫもゴミ情報が増えました。朝から下ネタを流したり、一日中民放のようにはしゃぎまくりです。

ゴミは収集してくれる人にはお金を払うべきですが、ゴミを出す人にお金を払うのはおかしい。ゴミを出した人がお金を払うべきです。それなのにＮＨＫは受信料を取ってゴミ情報を増やしている。これも視聴率という元祖ランキングの弊害でしょう。ＮＨＫは視聴率ではなく視聴質で勝負すべきです。そうでないと公共放送とは言えません。

そもそもランキング重視だと、そのメディアとしてどの記事を一押ししたいのか、という編集の視点が見えません。閲覧数が増える記事が優先であるという、本末転倒なことになっています。

それと比べると「アクロス」は本当によかった。天才増田通二と、やはり才能あるボスが生み出し、僕たち若いスタッフが本当に一生懸命考えてつくっていた。そもそも一九八〇年代はそうした個性的な雑誌が多かった。「広告批評」「本の雑誌」「スタジオボイス」「宝島」「ロッキングオン」などなど。雑誌の黄金時代でしたね。

ああいう雑誌をつくる才能は今はどこにいったのでしょう。アニメやゲームでしょうかね？よくわかりません。メディアの劣化、下流化、ランキング重視の風潮の中で優れた才能がくすぶっているのではないかと心配します。

郊外の文化論をやれ

一九八五年に、八〇年代前半の「アクロス」の東京論をまとめた「いま揺れ動く、東京。」という本をボスがまとめました。これが結構売れて、朝日新聞の論壇時評で見田宗介さんが取り上げてくれました。このとき僕は小躍りしましたね。

このヒットに気をよくして、次なる東京論を出せと増田さんに言われました。そこで、一九八六年に、郊外をテーマに「アクロス」で連載をして、それを八七年に「東京の侵略」という本にまとめました。これが大ヒット。テレビでもかなり話題になりました。

「東京の侵略」は、読者層としては不動産業者向けの本でしたが、当時東大の建築、土木、都市計画の人たちもたくさんこの本を読んだようで、現在は東大教授や、大手シンクタンクなどにいる人たちに、学生、院生時代に読みましたと言われたことが何度もあります。

さて、「東京の侵略」が売れたので、また続編を出せということになりました。そこで僕は、「じゃあ、東京を舞台にしたマーケティングやビジネスをテーマにした本を作ろう」と増田さんにプレゼンテーションをしました。

その時、増田さんは、何も言わずに無視しました。気に入らなかったようです。それからしばらくして増田さんから、「おい、三浦、郊外の文化論をやれ」と言われました。一九九〇年代半ばになってから、宮台真司さんら、郊外について考える社会学者が現れ始めましたが、一九八七年の段階でそんなことを言う人はかなり珍しかったと思います。

なにしろ、郊外の文化論なんて言われても、参考となる本はもちろん、論文やエッセーでもまったくありません（唯一あったのは藤原新也の『東京漂流』でした）。途方に暮れました。結局、もうひとつの大きな課題である団塊世代研究とあわせて、戦後日本の大衆消費文化、中流文化、あるいはアメリカナイゼーションの拡大の一環として郊外文化を位置づけて、研究を進め、一九五〇年代のアメリカ郊外文化について書かれた洋書を読みあさるようになったのです。

このような経緯で、団塊世代研究と郊外文化研究について八八年に「アクロス」で連載し、八九年に団塊世代研究を『大いなる迷走』（ＰＡＲＣＯ出版局）として、郊外文化研究を『ＷＡＳＰ　90年代のキーワード』（ＰＡＲＣＯ出版局）として本にまとめました。『大いなる迷走』は上野千鶴子さんが絶賛してくれました。

ところでＷＡＳＰとは、白人（White）でアングロサクソンでプロテスタントという意味であり、アメリカに初期に入植しアメリカの支配層となった人々を指しますが、「アクロス」のＷＡＳＰは正確には「ジャパニーズＷＡＳＰ」という造語です。

ジャパニーズＷＡＳＰとは、ホワイトカラーでアメリカナイズした生活様式を持ち、郊外（Suburb）、特に「アクロス」が名付けた「第四山の手」というアッパーミドルクラスのための郊外に住む、私生活主義で（Private）、国立大学よりも慶応大学などの私立一流大学を卒業した人々、というイメージを言葉にしたものです。そうした人々が、一九八〇年代における、特に団塊世代のエリート層である、という意味づけでした。

ですので、このジャパニーズＷＡＳＰは近年の格差論の先取りでもありました。二〇〇〇年代以降は、ジャパニーズＷＡＳＰたちは、都心のタワーマンションに住むようになったと思われます。タワーマンションというのは人工的な「丘の上」（ヒルズ）の、横に広がるのではなく縦に伸びた住宅地です。そこに比較的年収の高い世帯が住むからです。

そうした意味でジャパニーズWASP論はその後の僕の郊外論である『「家族と郊外」の社会学』はもちろん、格差論である『下流社会』の原点であり、さらに『「家族」と「幸福」の戦後史』『第四の消費』の原点でもあると言えます。

最近はシェアが流行語ですが、『「家族」と「幸福」の戦後史』ではシェアという言葉はまだ出ていないものの「私有主義」の限界について指摘しています。その後、博報堂の研究開発部からの委託で二〇〇二年に「私有から共同利用へ」というトレンドを指摘し、すでにカーシェアリングについて書いています。その後シェアハウスの新しい動きを踏まえて『これからの日本のためにシェアの話をしよう』(NHK出版)を書き、さらにその翌年、消費社会分析三十年の経験を踏まえてシェア社会の到来を宣言する『第四の消費』を書いたのです。

ところでバブル時代は、何か大規模な再開発がニュースになると、必ずこれが二十三区内最後で最大の大規模再開発だ、と言われたものです。だから、都心にこんなにタワーマンションが林立する時代が来るとは当時は思いませんでした。

タワーマンションは、工場や倉庫の跡地につくられるのならいいけれど、味わいのある街並みを壊すことも多い。それは僕には嫌なことです。杉並区に、一九五八年、当時の住宅公団がつくった「阿佐ヶ谷住宅」という名作団地がありましたが、これも数年前マンションに建て替えられました。本当に素晴らしい団地だったので僕は知り合いの研究者に頼んで『奇跡の団地阿佐ヶ谷住宅』という本を作りました。

住宅地を含めた古いものの生かし方が現在の僕のテーマであり、戦後の郊外住宅地についても、これからどんどん古くなり高齢化し人口が減っていきますが、郊外の「古さ」「歴史」を価値として認識すべき時代が来ると思っています。

●パルコを辞めた人々

話を戻しますと、こうして郊外研究は僕のライフワークとなり、私の看板となりました。最初の会社で一生の研究テーマを与えてもらうとは、本当に得がたいことです。

どうして郊外研究がライフワークになったかというと、郊外は、家族、消費、青少年、食生活、住宅、建築、都市計画、経済政策、自動車、環境問題、エネルギー問題、ひいては国際政治や原発問題など、非常にたくさんのテーマをはらんでいるからです。つまり郊外は現代社会の縮図であり、現代社会の問題も全て内包しているのです。これは社会学的問題関心を持つ者にとっては、またとない大テーマなのです。だから私は郊外をライフワークにしたのだと思います。

しかし、天職だったパルコの「アクロス」の仕事を、僕は八年で辞めます。なぜ辞めたかというと、理由は三つあります。

まず、パルコという非常に小さい会社で、今後もずっと渋谷やパルコの宣伝ばかりして過ごすのは、自分の人生にとって問題じゃないかと思った。

それから、さすがに月刊誌を八年間、九十六回やると、同じテーマを論じても新しい切り口が見つからなくなった。

三つ目は、増田さんが経営から退くことが決まったので、増田さんがいなくなると、赤字を出し続ける「アクロス」を面白い雑誌として続けるのは難しいだろうと思ったということです。実際の「アクロス」は僕が辞めた後も、スタッフの奮闘によって、九八年まで続き、その後はウェブマガジンとして、内容を変えて存続しています。

パルコを辞めた人の中には今、活躍している人がたくさんいます。新書で一三〇万部のベストセラーになった『「捨てる！」技術』（宝島社）という本の著者は僕と同様「アクロス」にいた、僕より六年下の辰巳渚さんです（二〇一八年没）。「一橋マーキュリー」でも「アクロス」でも同じ時期にいた人間二人がベストセラーを生み出したって、これはすごいことですね。

中野純さんも、「闇」「路地」がテーマのユニークな本を書く物書きとしてカルトなファンを作っています。「王様」というミュージシャンもパルコの社員でした。ディープ・パープルやレッド・ツェッペリンの曲を日本語に訳して、トランプの王様の格好をして歌う人です。マガジンハウスの編集者や料理雑誌の編集長もいます。グルメ雑誌でライターとして活躍している西村晶子さんは、僕の「アクロス」時代のエルダーです。映画評論家の川口敦子さんもパルコ。

出版以外では、僕の同期で増田さんの秘書をしていた阿部佳さんという女性は、六本木のグランドハイアットのコンシェルジュです。フランスが認定した、日本には約五人しかいない本当のコンシェルジュになったのです。表参道でユニークな古本屋をやっている女性もいるし、フランフランの役員が僕と同期。三菱地所で、丸の内に高級ブランドのファッションストリートを作ったのは後輩。パルコにいた人がいろんな場所で活躍しています。まさに多士済々で、八〇年代のパルコはまさに梁山泊だったと言えます。

もちろんセゾン全体でも永江朗、阿部和重（作家）・常盤響（デザイナー）・保坂和志（作家）・中原昌也（音楽家／作家）・佐々木敦（批評家）・車谷長吉（作家）らが正社員なりアルバイトなりでいたそうですから、すごいことです。

いったいどういう基準で採用をしたらこういう人が集まるのか、そのときの人事部長に聞いてみたいですよね。

●日本的組織を学ぶ

僕はパルコを辞めて三菱総合研究所に入社しました。なぜ三菱総研に？とよくいわれますが、「アクロス」は編集とはいえ、自分で書く雑誌ですから、著者に原稿を依頼する編集者としての実績はまったくない。だがライターになる気はない。むしろリサーチャーとしての実績のほうがある。でも広告代理店の研究所では自分が向上できない。そうすると「アクロス」とはジャンルの違う研究所のほうがいいのではないかと考えたからです。

三菱総研はご存じの通り秀才の集まりなので、あまり面白い人はいません。だから、仕事がパルコよりも面白くなることは考えられませんでしたが、国家規模の大きなスケールでものを考える仕事がしたいと思っていたし、実際、そういう仕事もできたので、自分の幅を広げることに意味のある転職でした。数年後に国の政策になったり、大企業の大事業になったりすることを事前に手伝う仕事というのは、パルコという一企業の「アクロス」という一事業をしているだけでは絶対にありえませんから。

また、よく「日本的経営」とか「霞ヶ関の論理」とか言いますが、パルコにいると、それが何だか全然わかりません。ワンマン経営者の小さな会社ですので、まったく風土が違うのです。増田さんに若い社員が直接決済に行って、赤鉛筆でサインを貰えば何でもできた会社なのです。ところが三菱総研に行くと、「日本的経営」や「霞ヶ関の論理」が何だったのかよくわかる。ははあ、こういうことか、と思いました。丸山眞男の「無責任の体系」だって、パルコにいたらわかりません。責任はすべて増田さんにあるんですから。しかし三菱総研に来て、霞ヶ関の官僚や大企業の人たちと付き合うと、それがわかった。

それからもうひとつ、三菱総研にいたことのメリットは、これは皮肉なことですが、仕事が「アクロス」ほどは面白くなかったので、会社にいる時間以外は一切仕事のことは考えなかったということです。「アクロス」時代とは正反対。

そのおかげで僕は、ずっとライフワークである郊外について本を読んだり考えたりしていました。今と違ってアマゾンがありませんから、たまに紀伊國屋書店の洋書売り場に行って郊外についての研究書を探すのです。当時は郊外研究なんてほとんどありません。一冊みつかれば御の字です。

そこで一九九二年に初めてニューヨークに行きました。郊外に関する本を探すためです。毎日書店や古書店を歩き、博物館に行き、資料を段ボール一箱分買い集めました。それを帰国後大きなバッグに分厚い洋書を二冊ほど詰め、通勤電車で毎日読みました。しかし直後に子どもが生まれ、夜泣きで僕もよく眠れず、本を読みながらまさに泥のように眠ってしまったこともしばしば。その読書の成果が『「家族と郊外」の社会学』と『「家族」と「幸福」の戦後史』です。

●僕の言文一致体

それから、三菱総研にいて発見したのは、僕にも官僚的な文章が書けるということでした。「こうと言えないこともないが、そうであるとも言い切れず、さはさりながら、どうとかこうとか」という文章です。「東大話法」というのでしょうか。何を言いたいかわからず、責任の所在が不明で、誰に何と言われても言い逃れができる文体です。勝つことはないが絶対負けない文体。

僕が本で書く文章はかなりわかりやすいと思いますが、それはこの官僚的な作文にならないように心がけているからだと言えます。村上春樹は小説を書くとき、英語で書いてから日本語に訳すそうですが、英語だと主語がはっきりするからでしょう。何を話しているかわからない人は、大体主語が曖昧です。いつ、どこで、なにを、だれにも曖昧。

官僚の作文も主語が曖昧に見える。それを避けるように僕は今書いています。指示代名詞もできるだけ減らす。話すときも、あれとか、それとか言わない。「あれ」とか「それ」が何を指示しているか、みんなが共通してわかるとは限らないからです。だから国語のテストに「それ」とは何か二十字以内で書け、という問題が出るのです。みんなが間違うからです。だったら文章にも会話にも指示代名詞はないほうがいい。特に上に立つ人はそうであるべきです。いつ、どこで、なにを、もはっきりさせる。

大前研一さんの話し方もほとんど指示代名詞がない。だから明快です。日本人は自信がないと指示代名詞を使う傾向がある。「あの～」「その～」と言うのです。「そうしましょう」と言っても、どうするのかわかりません。逆に自信があれば指示代名詞を使わないはずなのです。

また僕は、文章と話し言葉がほぼ同じです。上記のような明快な文章と話し方を心がけていくうちに、だんだん同じになったようです。一種の言文一致体ですね。僕なりの言文一致体はほぼ完成したと言えるのではないでしょうか。

文章を書くときは、できるだけ、そのまま話し言葉にしても聞きやすいように書きます。僕の文章は数字が多いのでなかなかうまく行きませんが、できるだけそうしている。『「家族」と「幸福」の戦後史』のときは、この本をそのままでドキュメンタリー番組にして、ナレーションをＮＨＫの三宅アナウンサーが読んでいるというイメージで書きました。

言文一致体では、「ですます調」と「である調」も統一しないほうがいいようです。

この方法は、文章を書くのが苦手だという人は試してみるといいです。話し言葉で、ナレーションを書くつもりで原稿を書くのです。話し言葉だと多少論理の展開がおかしくても気になりません。横道にそれたり、蛇足だったりしても、かえって味が出ます。この話し言葉を最高に洗練させたのが落語だろうと思います。

逆に話すときは、できるだけそのまま文章になるように話す。とはいえ、山崎正和さんや浅田彰さんのように、まったく校正しなくても論理的で理知的な文章になるように話すことは僕にはまったくできませんが、ユーモアや雑談を交えながらも、なんとか結論に持って行くような文章になるように、話しているつもりです。

そういえば、上野千鶴子さんに僕の会社の講演会で一度話して貰ったことがあるのですが、それを文章にしたときに驚いたのは、全然直す必要がなかったのです。山崎正和さんや浅田彰さんの話し方はいかにも論理的ですから、それを文章にしたとき直すところがなくても驚かないのですが、上野さんは、ごく日常的な口語体で話し、冗談も言い、べらんめえ口調も混じっているのに、文字にしたら全然直すところがないのです。これには舌を巻きましたね。

話が面白い人は、そのままその話を文章にしても面白いか、というとそうではなりません。また、話は面白いが自分で文章にすることができない人はいます。パルコの増田さんがまさにそうでした。彼の話は本当に漫談のように面白くて、会議中に社員がお腹の皮をよじらせて涙を流して大笑いしていたくらいです。でも、文章が書けない。だから我々社員が彼の面白い話を論理的にデータも使って文章にしていたわけです。

ところで、おそらく読者にとっては意外でしょうが、学生時代の僕はデータを使ってものを言うのを好まなかったのです。しかしあまりにデータと異なることを平気で言う人がいるので、基本的なデータについては重視するようにしたのです。一見無味乾燥なデータから人間味にあふれることや感覚的なことを読み取ったり、逆にデータを使って感覚を表現したりすることもできるようになったのは「アクロス」のおかげです。

●会社を辞めてリチャード・ブランソンやカルロス・ゴーンに手紙を書く

三菱総合研究所には九年間いて、満四十歳で会社を辞めました。辞めた理由は二つです。一つは、自分は二十七歳で編集長だったので、「会社にとって四十歳を過ぎた人間は不要だ。自分も四十歳で辞めたい」とずっと思っていたということ。四十歳を過ぎた人間は不要というのは真理ではないですが、四十歳までに会社で出世ができる人間か、会社を辞めて独立できる人間になるか、どちらかがよいと僕は思っていますので、有意義な脱サラだったと思います。

もう一つの理由はインターネットの普及で、これで独立できるぞと思いました。まず、コンテンツを作る人が不足するだろうから、僕のような企画力のある人間が必要とされるだろうと思った。それから、インターネットは僕の一番嫌いな営業をメールで済ますことができます。

電話をしたり、手紙を出したり、直接会いに行ったりしなくて済むし、そのうえ一度に何十通もメールが送れるので楽です。こうして僕は三菱総研をやめました。

いろいろ理屈はありますが、実は「世界がお前を呼んでいる」という神のお告げがあったのです。だから何の不安もなく会社を辞めました。

辞めてすぐには仕事がありませんが、三菱時代に一緒に仕事をした会社の十歳ほど年上の方が六百万円の仕事をくれたので、なんとかそれで食いつなぎました。

彼は、僕と会って一、二ヶ月しか経っていないときに、「三浦さんは歴史に残る人だ」と言ってくれたことがあります。当時は、出会ったばかりなのになぜそんなに僕を評価してくれるのかわかりませんでしたが、今僕が年をとってみると、自分より若い人間を見て彼が歴史に残る人かどうか、というと大げさですが、彼が将来大きく成長するかどうかはたしかにわかるようになります。

その理由を論理的に説明することは難しいのですが、やはり普通の人とは違う何かを持っているということです。人と同じことをしている人を見て、あいつは歴史に残るだろうとは思いませんからね。

だからといって、人と違えばそれでいいというわけでもない。誰もが考えるべきことなのに誰もが考えずに済ましていることを考えることが重要なのだと思います。

さて、こういう方の支援もあって、僕の独立一年目は始まりました。マーケティングの会社を作る人は、若くても最初から青山や代官山に格好のいいオフィスを借りがちですが、僕は慎重なタイプなのでそうはしませんでした。吉祥寺駅から歩いて二十分の場所にある、トイレは共同で六畳一間の部屋が、僕の最初の事務所でした。家賃は三万七千円です。

そこから、僕の第四の人生が始まります。最初は電話も引かなくて、PHSで電話を掛け、通信もPHSでしていました。インターネットのおかげで、ファックスや電話がなくても仕事ができたのです。

しかし、最初はあまり仕事がなくて暇なので、下北沢や高円寺や吉祥寺や原宿を歩き回って、若者の行動を写真に撮って、その写真を張り付けて約五〇ページの資料を作って、それをカラーコピーして企業に売ったりしていました。三万円で売りましたが、約二十社が買ったので六十万円になりました。当時の僕のヒット商品です。

トヨタやホンダや松下電器などにはツテがあったので買ってくれましたが、日産には知り合いがいませんでした。そこで、僕は「資料を買ってください」と書いた手紙をカルロス・ゴーンさんに送りました。そうしたら、本人からではありませんが、商品企画の課長から「こういうことは、一応調べているから要りません」という手紙が来ました。その後商品企画課からは仕事が来て、それが「キューブ」という若者向けのクルマのモデルチェンジの仕事でした。

まさかゴーンさんに資料を送って反応があるとは思わなかったので、僕は、これは面白いと思って、ヴァージンアトランティック航空のリチャード・ブランソンにも「僕のこの資料を本にして、ヴァージン航空の機内に置いてください」と書いて郵送しましたら、やはり本人からではありませんが、メールが来て「ヴァージンプレスという出版社を持っているから、そっちに聞いてみたら」と書いてありました。しばらく経ってヴァージンプレスから「こういう調査はしているので資料は要りません」と断りのメールが届きました。

この体験は僕に非常に自信を与えました。恐らく、日本人の社長に、特に新日鐵や東芝の社長に資料を送ったら、「要りません」という返事すら来なかったと思います。どこの馬の骨かわからない人間は門前払いです。

しかしカルロス・ゴーンやリチャード・ブランソンという人たちは、見知らぬ訳のわからない人間から送られてきたものでも、本人じゃないだろうけど、ちゃんと開いて、目を通して返事をしてくれるんだなと驚きました。世界はこんなに簡単につながるようになったんだ、こんなにフランクにレスポンスしてくれるのだとうれしくなりました。こういう時代なら、僕は、きっとたくさんの仕事をやっていけると、自信がつきました。

カルロス・ゴーンやリチャード・ブランソンに個人が資料を送るなどという向こう見ずなことは、三菱総合研究所にいたら絶対にできませんが、辞めてしまえば何でもできます。自分の思いを直接ぶつけることによって生きていくことができます。今思えばスティーブ・ジョブスにも送るべきでしたね（笑）。そうしたら今はアップルの役員になっていたかもしれませんよ！

●もっと自由に考えれば将来を予測できる

僕は今年還暦だというのに今も未来を予測するのが仕事であり、それを多くの企業などから期待されています。

じゃあ、どうしたら未来を予測できるのか、と聞かれると、自分なりに手法を意識したり確立したりしていないので、人に教えられないのです。教えられる手法があるなら、いつか予測はすべてＡＩに代替されるでしょうね。

たしかなことは、自由に考えることこそが重要だ、ということです。自由に考えれば、誰でも将来がどうなるか、語れると思う。そんなバカなと思われるかも知れませんが、そうなのです。

未来が予測できない人は自由に考えられない人です。ランキングとか、今これが売れているとか、上司が好むのはこんな情報だとか、うちの会社ではこれしかできないとか、最初からそういう制約の中でしか考えていない。それで未来が予測できるはずがない。

そういう人たちは、僕が未来を予測する話をすると、「そうした予測を踏まえて成功している事例があれば教えてほしい」と必ず質問します。おかしいでしょ。予測をしているのだから成功事例なんてあるわけがない。「あなたが最初の成功事例になって下さい」としか言いようがないのですがね。

それから「三浦さん、またバシーッと一発面白い本を書いてくださいよ」と言ってくる人も僕は苦手です。げんなりします。面白いものを求めるだけの、消費するだけの人がイヤなのです。特に編集者にそれを言われるとがっかりする。「あなたがつくれば？　それがあなたの仕事でしょ?」と思います。三浦さんの話は面白いと言ってくれるのは光栄ですが、あなたも面白い話をしてよと思いますね。僕だって自分より面白い人が好きなのです。

三菱総研が得意とする統計を元にした将来予測というのも、限界があります。数あるシンクタンクの中では三菱総研の予測は手堅く確実で信頼性が高いほうだと思います。が、統計に基づく予測だと、たいがいは、今まで伸びたものは今後も伸びるし、今まで減ったものは今後も減るのです。何かをきっかけとして起こる変化は予測できない。

きっかけというのは土に水をやるようなことで、土の中に種があって、気温などの条件がそろえば芽が出る。じゃあ、土の中にどんな種があるか、それを知らないと、予測ができません。土の中の種を探る作業が必要なのです。人々の心の深層の分析が必要。それが消費社会の精神分析なのだ、ということです。

ましてそのへんの経済雑誌がやる地価上昇率だの人口増加率だのを使った「予測」やランキングなんてものは単なる現状認識でしかない。何の予測も批評も提言もありません。それでも、そういう記事をよろこんで読む読者がいるから、記事を書くのでしょうが。でも僕だったら、読者の現状のニーズに合わせた記事を書くだけではなく、読者がもっと目から鱗が落ちる視点はないかを探すでしょうね。

　受験勉強や断片的な知識ばかりで頭でっかちになって知識と経験のバランスがとれていない人が増えている気がします。自由にものが考えられない「バカな秀才」が多い。目の前にニンジンをぶら下げられると条件反射で走り出す馬みたいな人たちです。何のためにするのかがわかってない。

　彼らは、ほめるとよく働きます。受験教育の弊害でしょうが、何の意味があるかわからない問題でも、与えられると解き、正解を出してほめられると、また解くのです。パブロフの犬です。これは軍隊などの全体主義やスポーツ根性主義、あるいはオウム真理教などで典型的に見られる現象です。バカな秀才たちは、人を殺してほめられると、また人を殺すことだってあるのです。

　だから僕は「ほめて育てる」という方針に疑問を持ちます。ほめるべきときはほめていいが、下手くそな文章が出てきてもほめるのでしょうか。

　また、働く側から言えば、これをすればほめられるとわかっていても、する意味がない、するのはおかしいと思える仕事は拒否すべきではないか。ほめられるということは、実は、ほめる側に都合の良い人間になるだけのことではないか、とも思えます。

こういう主体性のない人間を変えていくのが働き方改革の本当の目的であるべきです（きっと現実の改革は違うでしょうね）。単に労働時間を短縮することではない。意味がわかって仕事をするかどうかがいちばんの問題です。意味がわからず仕事をするから残業が増えるし、心を病むのです。学生時代は天才だった人も会社に入るとバカになるのです。バカになるだけならいいが過労死する。いや、バカになれない人が過労死するのかも知れません。

そして自分の中にたしかな価値基準がないからランキングばかり気にする。給料ばかり気にする。たしかに現代の日本人、特に団塊ジュニア以降は、リースマンの言うように、自分の中に海図を持つジャイロスコープ型の人間から、他人がどこで何をしているかを情報収集し、自分のポジションを知って安心するレーダー型の人間に変わったのでしょう。

だが完全にレーダー型になってしまってはだめだと思う。自分の中にはやはり自分のジャイロスコープが必要です。実際今「ぶれない」という言葉が流行っていますね。自分の中にぶれない軸がある人間がリスペクトされます。

ぶれない軸を手に入れるには、いわば「体幹」を鍛えるような読書と経験が必要だと思いますね。

僕は幸運なことに、入りたい大学の入りたい学部の入りたいゼミに入って、その後も、入りたかったパルコに入って、転職しようと思った三菱総研に入り、最初から四十歳くらいで会社を辞めようと思っていたので辞めた。そういう重要な職業選択はすべて思う通りにはやってこられました。

ただし、すべて軽率に行動せずに、じっくり悩んで考えた末に選択してきたことです。大きい会社だから、有名だから、給料がいいから、という選択はしたことない。でもそれは「自分らしさ」とか「夢を実現する」といった甘っちょろいことでもない。現実に自分が何ができて何ができないか、何がしたくて何がしたくないかということを自覚した結果の選択です。したいけどできないってこともあるわけで。

家賃三万七千円の部屋から始まった私の独立も、これまでなんとかうまくやってこられました。改めて振り返ると、幸い、大きな節目でいい人と本に出会ったのだと思います。

〔初出一覧〕

第一部　読書史

1　社会を考える

藤原新也『東京漂流』／見田宗介編『社会学講座12 社会意識論』／山崎正和『柔らかい個人主義の誕生』／富永健一『日本の近代化と社会変動』／吉川洋『高度成長』／岩間夏樹『戦後若者文化の光芒』／村上泰亮『新中間大衆の時代』／小此木啓吾『モラトリアム人間の時代』／山田昌弘『結婚の社会学』／樋口美雄・太田清　家計経済研究所編『女性たちの平成不況』／苅谷剛彦『階層化日本と教育危機』／上野千鶴子『家父長制と資本制』／本田由紀『多元化する「能力」と日本社会』／ＮＨＫ放送文化研究所編『現代日本人の意識構造〔第八版〕』／ウェーバー『社会科学と社会政策にかかわる認識の「客観性」』／フロイト『フロイト著作集３　文化・芸術論』／リースマン『孤独な群衆』／ハルバースタム『ザ・フィフティーズ』／ベル『資本主義の文化的矛盾』／バウマン『リキッド・モダニティ』（以上、プレジデントムック「ほんとうに読んでほしい本１５０冊」プレジデント社、２００９年）

浜崎洋介『福田恆存　思想の〈かたち〉』（「東京人」２０１２年６月）

阿部謹也『阿部謹也自伝』（書き下ろし）

その他「社会を考える」お薦めの本（「じんぶんや第88講」紀伊國屋書店、２０１０年）

西尾幹二『ヨーロッパの個人主義』『ニーチェとの対話』（『次の本へ』苦楽堂、２０１４年）

2　都市を考える

逢阪まさよし＋ＤＥＥＰ案内編集部『「東京ＤＥＥＰ案内」が選ぶ首都圏住みたくない街』（ビジネスジャーナル２０１７年８月13日配信）

フリント『ジェイコブズ対モーゼス』（「東京人」２０１１年９月）

中島直人他著『都市計画家 石川栄耀』／高崎哲郎『評伝 石川栄耀』（書き下ろし）

島原万丈『本当に住んで幸せな街』（書き下ろし）

上田篤・田端修編『路地研究』（書き下ろし）

リーブス『世界が賞賛した日本の町の秘密』／初田香成『都市の戦後』（「東京人」２０１２年３月）

黒石いづみ『「建築外」の思考 今和次郎論』（書き下ろし）

ベルク『風景という知』（「東京人」２０１１年６月）

細野助博・中庭光彦編著『オーラル・ヒストリー 多摩ニュータウン』（「東京人」２０１１年１月）

中野明『裸はいつから恥ずかしくなったか』／原武史・重松清『団地の時代』（「東京人」２０１０年９月）

女性とすまい研究会編『同潤会大塚女子アパートメントハウスが語る』（「東京人」２０１０年10月）

佐多稲子『私の東京地図』／帝国書院編集部編『松本清張地図帳』（「東京人」２０１１年12月）

村上春樹『１Ｑ８４』（WEBRONZA 朝日新聞社、２０１０年８月31日配信）

稲葉佳子・青池憲司『台湾人の歌舞伎町』（ビジネスジャーナル２０１８年１月11日配信）

広井良典『創造的福祉社会』（「東京人」２０１１年10月）

坂口恭平『ゼロから始める都市型狩猟採集生活』（「東京人」２０１０年12月）

橋本健二『階級都市』（「東京人」２０１２年４月）

伊藤香織＋紫牟田伸子監修『シビックプライド』（「東京人」２０１１年３月）

東京工業大学塚本由晴研究室『Window Scape 窓のふるまい学』（「東京人」２０１１年４月）

その他「都市を考える」お薦めの本（「じんぶんや第88講」紀伊国屋書店、２０１０年）

今橋映子『都市と郊外』『パリ・貧困と街路の詩学』、森千香子『排除と抵抗の郊外』（書き下ろし）

第二部　コラム集

1　社会

地域と家族を空洞化させるブラック企業（「ＰＯＳＳＥ vol.18」２０１２年）
モテない男の犯罪（「アキバ通り魔事件をどう読むか!?」洋泉社ムック、２００８年）
公務員の「上流化」と新しいやりがい（「アエラ」２０１５年11月16日）
草食系上司（WEBRONZA 朝日新聞社、２０１０年11月2日配信）

2　都市・地方

みんなここでは退屈を知らないある国際的大ホテルの話（「東京人」１９９０年）
世界都市／生活都市／住宅都市／都市の記憶のために／「都市産業博物館」のすすめ（「ＦＲＯＭ ＭＡＮＰＯＷＥＲ」１９９０年）
日本人の長い歴史全体が流されてしまうような恐怖（WEBRONZA 朝日新聞社、２０１１年4月18日配信）
現代生活の脆弱さ（「季刊 環 vol.49」藤原書店、２０１２年）
「理想の家族」の不在を戯画化する『間取りの手帖』（「第三文明」２００４年1月）
銀座（協同組合銀座百店会「銀座百点」２０１６年11月）
かわいい都市（第一生命財団「ＣＩＴＹ＆ＬＩＦＥ」２００９年6月）

3　本と仕事の個人史

（一橋大学における講演録「男女共同参画時代のキャリアデザイン」（２００７年）をベースに「ウェブ・アクロス」によるインタビュー（２００５年）を加え、全面的に加筆）